U0012223

金商道

The positive thinker sees the invisible, feels the intangible, and achieves the impossible.

惟正向思考者，能察於未見，感於無形，達於人所不能。——佚名

一本股神巴菲特讀了兩遍的書

投資
最重要的事

價值投資者必讀經典——

霍華・馬克斯20項投資法則

橡樹資本董事長暨共同創辦人 霍華・馬克斯 HOWARD MARKS——著 蘇鵬元——譯

THE MOST IMPORTANT THING ILLUMINATED

Uncommon Sense for the Thoughtful Investor

★★4大名家評註★★

《超越大盤的獲利公式》作者	著名基金經理人	哥倫比亞大學商學院副教授	《安全邊際》作者
喬爾・葛林布萊特	克里斯多夫・戴維斯	保羅・喬森	賽斯・卡拉曼
JOEL GREENBLATT	CHRISTOPHER C. DAVIS	PAUL JOHNSON	SETH A. KLARMAN

《華爾街日報》：「投資界最令人期待的盛事，

除了巴菲特每年的波克夏股東大會，就是霍華・馬克斯的備忘錄！」

獻給南西、珍和安德魯，

我全心全意愛你們

各界推薦

「只要在郵件信箱裡看到霍華・馬克斯的投資備忘錄，我會馬上打開與閱讀。我總是會從中學到一些事情，他的書我讀了兩遍。」

華倫・巴菲特（Warren Buffett）

波克夏海瑟威（Berkshire Hathaway）董事長暨執行長

「投資書籍中，很少有像馬克斯《投資最重要的事》一樣樹立著高標準，這本書充滿機智、風趣，而且扣緊歷史觀點。如果你想避開投資陷阱，這是必讀之作。」

約翰・伯格（John C. Bogle）

先鋒集團（The Vanguard Group）創辦人暨執行長

「霍華・馬克斯的投資備忘錄中有著基本真理和獨到見解，定期收到的人都熱切期待。現在，這位偉大的投資人要把智慧和經驗分享給大家。《投資最重要的事》就是馬克斯富含深刻見解的投資哲學與經過時間考驗的投資方法，這是每個投資人都必讀的書。」

賽斯・卡拉曼（Seth A. Klarman）

美國避險基金包波斯特集團（The Baupost Group）董事長

「每個人都引頸期盼華倫・巴菲特每年給股東的信，某些華爾街投資人則對霍華・馬克斯的文章有同樣高的期待。」

彼得・拉特曼（Peter Lattman）

《華爾街日報》（*Wall Street Journal*）

「就算你有傑出的天賦，浸淫在價值投資數十年之久，已經深入思考其中的精髓，而且不斷的撰寫分析報告，你還是沒有辦法寫出像這本書一樣對價值投資人十分實用的書。別輕忽這本書。」

傑瑞米・葛蘭瑟姆（Jeremy Grantham）

葛蘭瑟姆梅約范歐特洛公司（Grantham Mayo Van Otterloo）

共同創辦人暨首席投資策略師

「《投資最重要的事》注定要成為投資書籍的經典，每個深思熟慮的投資人書架上都該放上這本書。霍華・馬克斯將多年的投資智慧融入這本清晰、有趣，而且深刻的小書中。」

喬爾・葛林布萊特（Joel Greenblatt）

哥倫比亞大學商學院教授，高譚資本（Gotham Capital）創辦人

「為所有投資人提供清楚而專業的資源。」

《科克斯書評》（*Kirkus Reviews*）

「經驗豐富的價值型投資經理人霍華・馬克斯，利用多年來寫給客戶的簡潔備忘錄，針對從風險到運氣扮演的角色等，都提供寶貴的建議。」

美國《金錢雜誌》（*Money Magazine*）

「不論是投資老手還是新手，都應該會欣賞這本書的內容。」

布蘭達・茱賓（Brenda Jubin）

尋找 alpha 值（Seeking Alpha）財經網站

「如果班傑明・葛拉漢和大衛・陶德的《證券分析》是重要、而且截至二十世紀為止必讀的投資書，那霍華・馬克斯的《投資最重要的事》就是截至二十一世紀為止與之匹敵的重要競爭者。」

史蒂芬・勞拉克（Stephen E. Roulac）

《紐約圖書月刊》（*New York Journal of Books*）

「……對投資人習慣性犯錯的心理根源有很多深具價值的洞見。」

馬丁・費德森（Martin Fridson）

《巴隆周刊》（*Barron*）

「所有投資人都必讀這本書。」

艾力克斯・杜明德（Alex Dumortier）

富爾（The Motley Fool）財經網站執行長

「《投資最重要的事》……提供讀者一個方法來思考投資機會，這的確非常有價值，參考的研究顯示大部分人傾向做出衝動、任性的投資決定。」

《雪城標準郵報》（*Syracuse Post-Standard*）

「要出現這本全新的評註版幾乎是不可能的事，這是一本經典著作，而且是投資人不可少的工具！」

聚焦投資人（FocusInvestor.com）財經網站

推薦序

價值投資理論的偉大著作

布魯斯・葛林瓦德

二十多年來，霍華・馬克斯一直透過〈來自董事長的備忘錄〉（Memos from the Chairman）來教育投資人，在寫作《投資最重要的事》時，馬克斯從這些備忘錄中擷取身為投資人學到的最重要教訓。不用說，他是傑出的投資人，也是偉大的導師、思想豐富的作家，《投資最重要的事》就是他給所有投資人最慷慨的禮物。

在《投資最重要的事》最新版本中，讀者不僅可以從馬克斯得來不易的投資智慧得到好處，也能從克里斯多夫・戴維斯（Christopher C. Davis）、喬爾・葛林布萊特（Joel Greenblatt）、賽斯・卡拉曼（Seth A. Klarman）這三位經驗豐富的投資人，以及哥倫比亞商學院講座教授保羅・喬森（Paul Johnson）等人的評論，學習他們的精彩洞見。在這引人注目的組合中，每個評註者都為馬克斯的作品貢獻獨特的視角，而他們的投資風格也展現在對書籍內容的反應上。對戴維斯來說，他似乎天生就有卓越的投資能力，他的成功仰賴價值投資，並嚴格篩選關注的產業；暢銷投資書《超越大盤的獲利公式》（*The Little Book That Beats the Market*）的作者葛林布萊特，因為深刻觀察非理性的企業投資行為，獲得巨大成功，近期他關注的焦點已經從企業分析（spin-off）*轉移到觀察整體市場的異常現象。卡拉

* 企業分拆是指將一家企業分拆成好幾家公司。

曼在積極規避風險的同時，持續創造近三十年的驚人投資成績，如果讀者知道他對「下檔保護」（down-side protection）*有多執著，就會知道卡拉曼的投資表現有多麼不可思議。最後則是有近三十年經驗的投資專家與擔任二十年講座教授的喬森，他要示範如何將馬克斯的投資智慧納入他的證券分析與價值投資課程。

四位投資大師從自身的投資理念出發，呼應、精煉馬克斯的投資哲學，偶爾也表達不同意見，他們對書稿的評註，加深並擴大馬克斯的觀點，馬克斯甚至也會不時加入討論，闡明書中一些基本主題，並說明他提出的投資建議重點。此外，與第一版相比，他增加一章來探討合理預期的重要性。我認為，《投資最重要的事》最新版是集當代五位最佳投資思想家大成的作品。

最重要的是，升級評註版與舊版的《投資最重要的事》都為價值投資的發展做出無價的貢獻。價值投資源自哥倫比亞大學，從一九三六年班傑明・葛拉漢（Benjamin Graham）和大衛・陶德（David Dodd）的《證券分析》（*Security Analysis*）出版開始。二〇〇一年，哥倫比亞大學成立海爾布朗葛拉漢與陶德投資中心（Heilbrunn Center for Graham and Dodd Investing），成為價值投資理論的學術堡壘。

令人欣慰的是，我發現在本書誕生的過程中，該中心扮演著重要角色。《投資最重要的事》最初的發想，是來自哥倫比亞學生投資管理協會（the Columbia Student Investment Management Association, CSIMA）主辦的海爾布朗中心年度投資會議，當哥倫比亞商學院出版社創辦人麥爾・湯普森（Myles Thompson）得知馬克斯會在會議中發表演講後，就催促馬

*指可容忍的投資標的的下跌幅度，通常只要超過一定的下跌幅度，就會停損賣出。

克斯根據他的備忘錄與投資哲學出版一本書。馬克斯對於能在價值投資發源地將自己的投資智慧集結出版很感興趣，而他也知道他的投資理念得到海爾布朗社群的支持。一年後，《投資最重要的事》在年度投資會議期間正式出版，四名家評註版則在二〇一二年哥倫比亞學生投資管理協會會議期間出版。

《投資最重要的事》延續價值投資的優良傳統，無私地分享投資理念、看法與智慧。海爾布朗中心很高興能一同見證這本劃時代的偉大著作所帶來的貢獻。

（本文作者 Bruce C. Greenwald 為海爾布朗葛拉漢與陶德投資中心主任，金融與資產管理學教授，有華爾街「大師中的大師」之譽）

推薦序　一本經典的投資寶典

謝劍平

我的生涯起點從大學教職出發，而後投身金融經營與管理實務界，最後又回到學校將自身的理論與實務經驗教授給學生。在我個人投資以及職涯中的法人財務投資經驗中，本書的作者霍華・馬克斯是我向來學習的對象之一，亦是一位優秀的專業投資者。霍華・馬克斯在一九九五年創辦了橡樹資本管理公司，多年來，他持續運用備忘錄的形式與橡樹資本的客戶溝通，內容包含其投資哲學、解釋金融運作方式、並對最近發生的時事提供看法。這些備忘錄成為這本書的核心理念。這些著名的「橡樹備忘錄」受到美國投資界的高度重視，連股神華倫・巴菲特都會定期拜讀霍華的投資智慧以及實踐原則。

霍華・馬克斯亦是美國少數具有札實學術理論訓練與強大實務經驗的投資家，霍華・馬克斯出生於一九四六年，是紐約皇后區長大的猶太裔，求學時期即展現對於會計、財務金融及行銷等專業知識的天分。一九六七年，馬克斯在以財金聞名的華頓商學院取得金融學位；而後繼續前往芝加哥大學學習會計與行銷。在職涯早期，霍華・馬克斯曾任職金融機構的投資部門，以其卓越的操作績效，逐漸獲得名氣，一九九五年創辦了橡樹資本管理公司則為生涯的高峰。

由於我自身的經歷，重回學校擔任教職後，希望能提供理論分析與實務運用架構的結合，並增添實際在投資的過程應該注意的要點與實戰智慧。在課堂上參考過的書包含德國證券教父安德烈・科斯托蘭尼的《一個投機者的告白》、描寫巴菲特投資哲學的《雪球》、傑西・李佛摩所著的《傑西・李佛摩股市操盤術》以及彼得・林區的《選股戰略》。後來因教學需要拜讀此書，我發現此書非常適合法人在投資運用的參考。同時作者在撰寫上提及的實務架構，以及在面對無法預測情勢的情緒管控及投資智慧上，亦可以彌補學術理論教學的不足。

閱讀本書後，作者在書中所提的「第二層思考」的概念，深深吸引了我的目光，作者將投資視為一門藝術，因此要成為優秀的專業投資人，所需要的不僅是非常努力，同時需要具備一定的天分，作者稱這項不可或缺的要素是先天的洞察力。優秀投資者的目標必須擊敗大盤，既然要擊敗大盤，洞察局勢後所做出的行為必須與眾不同，如此一來才可能在平均中脫穎而出。所有的財務專業知識都因為努力習得，但優秀投資人的驚人洞察力往往來自先天的稟賦。而洞察力也是一名優秀投資人能否掌握第二層思考的關鍵。對比二層思考的差別，作者的定義是第一層思考簡單膚淺，而且幾乎每個人都做得到；第二層思考則比較深入、複雜，而且迂迴。第二層思考的人要考慮很多事。因此高度的洞察力乃是掌握第二層思考、並且打敗市場成為優秀投資者的關鍵。

再者，本書其他部分，帶來的開創性思考亦使我獲益良多。例如作者重新檢視了風險等於波動性這樣基本的學術理論：「風險等於波動性，因為波動性指出一項投資標的的不可靠，我對這個風險的定義不以為然……然而一切的問題就在於，我並不認為大多數投資人關心波動性這種風險。」另外是在投資心理面的闡述，作者亦強調冷靜的思考目前所處的局勢，包含總體大環境的變化、股價的相對位置等，切勿躁進，亦不能深陷於過分的恐懼之中，而左右判斷。仔細思索價值跟價格的關係，才能在適當的時機獲取報酬。

好的投資操作書籍不用太多本，如能把這樣一本經典的投資寶典精讀五次以上、用心體會並融合自身的投資理論，自然能形成一套個人獨特的制勝模式。

（本文作者為台灣科技大學財務金融所教授，前中華電信財務長）

推薦序　價值投資哲學的精準詮釋

雷浩斯

霍華・馬克斯這本《投資最重要的事》是價值投資界備受推崇的一本書，同時也是巴菲特的推薦書之一。本書和其他詮釋價值投資概念的著作並不一樣，它沒有教基本面財務比率的分析，也沒有提出選股的財務指標，更沒有不斷的重複價值投資已經廣為人知的基本概念。

相反的，他以實踐者的角度闡釋他的投資哲學，同時帶給讀者深入又獨到的觀點，因為霍華・馬克斯擁有以下與眾不同的特點：

一、他有卓越的思考能力

霍華・馬克斯最為人所知的概念就是「第二層思考」，在談第二層思考之前，我們先想什麼是「第一層思考」。所謂的第一層思考就是反射性思考，簡稱捷思法，捷思法是人大腦自動內建的思考模式之一，用來幫助我們有效率的處理許多生活瑣事，這些事情通常重視的是滿意度而非卓越的成果。

但是投資需要的是卓越的成果，要有卓越的成果就必須踏入第二層思考的領域。第二層思考就是「深入思考」，它會消耗腦力的運算能量，所以很少人願意遵行，就算願意也不見得做得到，因為深入需要傑出的洞察力，擁有傑出洞察力的人又是少數，但這卻是成功投資的必要條件之一。

第二層思考不單單是本書第一章節的主題，也同時展現在這本書的所有觀念之中，如果你的腦力跟不上他的第二層思考，這本書對你而言就沒有幫助，反過來想，如果你跟得上他的思考模式，那就會帶給你極大的收穫。

二、他有驚人的理性

投資不單單需要深入思考，還要正確的決策，才能讓思考發揮功效。正確的決策展示在理性思維之中。霍華・馬克斯在本書的所有文章皆展示了驚人的理性思考模式，他將投資的主題切割成許多次要主題，並且將主題根據思考的順序和重視的程度做出不同章節的安排順序和分量。

接著他給予每個投資的主題精準的定義，這些定義區分了學理和實務上的限制與盲點，並且將兩者進行連結，重新精準的詮釋。這種工程學的思考方式加上精準的定義就代表了與眾不同的理性思維。

三、他有查理・蒙格的特質

說到價值投資，人們總是會想起華倫・巴菲特，但是我在讀這本書的時候，總是模模糊糊有一種「我好像在哪讀過這個觀念……」的感覺。最後我想到了，這種驚人的理性和追求實務上的運用，讓我聯想到巴菲特偉大的副董事長：查理・蒙格。

查理・蒙格最廣為人知的特點是「思維模型」、「檢查清單」、「反過來想」、「人類誤判心理學」。如果你同時對照霍華・馬克斯的「第二層思考」、「備忘錄」、「避開投資陷阱」、「對抗情緒帶來的負面影響」這些主題，就能發現兩者之間的共通連結。

但我不認為馬克斯是刻意學習蒙格，我認為他擁有和蒙格類似的人格特質，這種特質非常非常稀少，因此能察覺出一般投資人沒看到的盲點。我們一般人無法擁有這種特質，但可以善用他們看到的盲點和關注的主題，以改善自己的投資程序。

這本書對讀者能有哪些幫助？

如果你是價值投資新手，看這本書可能不會有太深刻的感觸，但是當你踏入價值投資的旅程一段時間後，回過頭看，會發現這本書早就對旅途上的問題做出說明。如果你是價值投資老手，會發現他對你曾百思不解的問題做出清楚地整理，並且釐清問題的盲點，你只能讚嘆他的理性邏輯。

即使我已經看過許多價值投資書籍，本書仍然帶給我非常多收穫。但它並不好讀，需要心無旁騖，並且不時需要停下來思考作者想表達的含義。我趁年節長假時仔細讀完它，在頁面上加上自己的註解，如同參與其他投資大師的註解討論一樣，讓這本書變成一本個人的專屬書籍。用這種方式讀書，一小時僅能讀二十至三十頁，一天只能讀二至三小時，雖然很花時間，卻是最有收穫的閱讀方式，我也建議讀者和我用一樣的方式閱讀。

因為本書足以成為價值投資哲學類的標準教科書，每個人都該修這堂課。

（本文作者為價值投資者、財經作家）

推薦序 對「好到不像是真的」抱持懷疑

財報狗

霍華．馬克斯與橡樹資本，台灣聽過的朋友或許不多，但其在價值投資界地位，宛如美國職業籃球巨星Ｋｏｂｅ般耀眼。不僅受到賽斯．卡拉曼、喬爾．葛林布萊特這樣知名投資人的讚揚，連甚少推薦他人的巴菲特也罕見背書：「只要在郵件信箱裡看到霍華．馬克斯的投資備忘錄，我會馬上打開與閱讀。」究竟霍華．馬克斯何許人也？

只要看看橡樹資本的長期報酬，不難了解霍華．馬克斯備受推崇的原因。橡樹資本成立時間超過二十年，管理資產已達千億美元的巨大規模。更驚人的是其長期績效表現，二十八年來（包含六位創辦人任職西部信託時期）平均複合報酬率高達一九％，相比之下，同期美股標準普爾五百指數表現只有一〇．％，ＭＳＣＩ全球指數只有四．九％。也就是說，如果你在二十八年前，有幸將一百萬交給橡樹資本管理，現在已擁有一億七千萬的身價！

同為價值投資導向，霍華．馬克斯與巴菲特在投資原則上有不少相似之處：同樣強調反向投資、注重風險控制、對於情緒帶來的負面影響小心翼翼；但細究兩者投資風格，仍有不同的個人特色。隨著波克夏管理的資金愈來愈龐大，後期巴菲特投資風格是「合理價格買下一家好的企業」，偏向買進高競爭優勢、優秀管理階層、能夠穩定賺取豐沛現金流入的股權投資。而霍華．馬克斯總是強調「投資成功不是因為買到好東西，而是因為買得好」，因此橡樹資本的資產組成，有高比重的不良債券、可轉債、重整公司股權，能夠從市場厭惡的資產中挖掘便宜機會，正是橡樹資本的強項和優秀報酬的主因。

究竟是怎樣的思考與決策，讓橡樹能創造如此驚人績效？《投資最重要的事》提供我們一窺大師為何優秀的線索。在第十一章「反向投資」中提到：對「好到不像是真的」抱持懷疑，對「糟得不像是真的」也要抱持懷疑，其內容敘述和思考模式，正是讓橡樹資本可以一再找到罕見機會的關鍵。反思台灣近年在媒體與書籍強力宣傳下，存股的投資概念蔚為風潮，買進業績穩健、高殖利率公司成了大眾投資主流。但我們如果也嘗試用書中的逆向思考：業績穩健的公司都備受市場注意，使得股價推升後殖利率偏低，造成高殖利率的投資機會不易找到；那麼，大眾一窩蜂追求存股，是否反而讓存股法難以創造優秀績效？或許值得台股投資大眾仔細反思。

驚人績效，加上不吝於和市場分享深入的投資見解，我認為正是霍華．馬克斯如此備受推崇的原因。《投資最重要的事》將大師多年的投資備忘錄重新整理，用更好的邏輯架構讓讀者容易閱讀，如此好書在台灣絕版，原是投資人憾事；如今新版本推出，不只可以重溫大師犀利見解，在每章內容中，更加上了賽斯．卡拉曼、喬爾．葛林布萊特、克里斯多夫．戴維斯等幾位知名價值投資人的註解，讓本書的收藏價值更高一層。一本書，同時可以得到霍華．馬克斯、賽斯．卡拉曼、喬爾．葛林布萊特、克里斯多夫．戴維斯等投資大師多年的真知灼見，實在非常推薦收藏閱讀。

（本文作者為台灣最大的基本面資訊平台與社群）

目錄

評註者簡介

克里斯多夫・戴維斯（Christopher C. Davis）

投資管理和證券研究的經驗超過二十年，他是戴維斯大型資本價值基金（Davis Large Cap Value）的經理人，也是其他基金的研究團隊成員。戴維斯一九八九年加入戴維斯顧問公司（Davis Advisors），擁有蘇格蘭聖安德魯斯大學（University of St. Andrews）文學碩士學位。

喬爾・葛林布萊特（Joel Greenblatt）

高譚資本（Gotham Capital）執行合夥人，他在一九八五年創辦這檔避險基金。他從一九九六年開始擔任哥倫比亞大學商學院兼職教授，教授價值與特殊事件交易投資（special-situation investing）。葛林布萊特是亞利安科技系統公司（Alliant Techsystems）前任董事長，這是在那斯達克掛牌的航太武器公司。他有三本著作，包括《不買飆股，年均獲利四〇%》（*The Big Secret for the Small Investor*）、《超越大盤的獲利公式》（*The Little Book That Beats the Market*）與《你也可以成為股市天才》（*You Can Be a Stock Market Genius*）。葛林布萊特擁有華頓商學院的學士和企管碩士學位。

保羅・喬森（Paul Johnson）

尼庫薩資本（Nicusa Capital）創辦人，其為二〇〇三年一月成立，以基本面選股為主的價值導向多空策略避險基金，他在投資專業領域有超過二十五年的經驗。喬森在哥倫比亞商學院兼任講座教授期間，從一九九二年起開出二十堂課，教導證券分析與價值投資，有超過六百位學生修課。他是賓州大學華頓商學院企業家班企管碩士，主修金融，也是加州大學柏克萊分校經濟學學士。

賽斯・卡拉曼（Seth A. Klarman）

包波斯特集團（The Baupost Group）董事長，目前管理散戶與法人客戶近兩百三十億美元資產。他從一九八二年成立這間公司。他也是《安全邊際》（*Margin of Safety*）的作者。這本書描述他的價值投資哲學，卡拉曼也領導《證券分析》（*Security Analysis*）第六版的編輯工作，文字散見在很多投資產業的書籍。他一九八二年畢業於哈佛商學院，獲得貝克學者（Baker Scholar）榮譽，一九七九年在康乃爾大學獲得經濟學學士。

閱讀說明

《投資最重要的事》（*The Most Important Thing Illuminated*）是霍華・馬克斯集二十多年為投資人撰寫的〈來自董事長的備忘錄〉大成之作的最新版本，難得的加入四位名家的評註：包括克里斯多夫・戴維斯、喬爾・葛林布萊特、賽斯・卡拉曼等三位投資專家，以及哥倫比亞商學院講座教授保羅・喬森。

除了四位名家分別強調、呼應或深化馬克斯論述中的重點，馬克斯本人也加入討論、提出看法，使全書讀來格外生動，也引人深入思考。中文版為便於閱讀，將擷取自備忘錄的內容以小圖（✉）標示，評註者以人名首字加圈方式（如以Ⓠ喬表示喬爾・葛林布萊特）標註於文中重點句旁，評註文字則統一置於正文下方，以小圖（✏）及人名標示，以利讀者來回對照。

寫在前面　投資最重要的事

二十年來，我偶爾會撰寫備忘錄給客戶，一開始是在西部信託公司（Trust Company of the West），然後是在一九九五年我與其他人共同創立的橡樹資本管理公司（Oaktree Capital Management）。我透過備忘錄來闡述我的投資哲學，解釋金融運作方式，並對最近發生的事情提供我的看法。這些備忘錄成為這本書的核心理念。在接下來的內容中，你會發現有許多摘自其中的段落，因為我相信當初的經驗教訓現在也適用。不過我做了些小調整，主要用意是更清楚傳遞想表達的訊息。㊇

到底什麼是「最重要的事」？二〇〇三年七月，我以這個標題寫了一份備忘錄，整理出我覺得成功投資該具備的要素。文章是這樣開始的：「每當和客戶與潛在客戶見面時，我會不斷聽到自己說：『最重要的事是X。』十分鐘之後，我又會說：『最重要的事是Y。』還有Z……」最後，這篇備忘錄討論了十八件「最重要的事」。

在那篇備忘錄之後，我把原先認為「最重要的事」做些調整，但基本概念沒變，這些事**全部**都很重要。成功的投資必須同時深入思考很多個別層面，省略任何面向，都有可能產生差強人意的結果。這是為什麼我要圍繞「最重要的事」的概念來寫這本書，因為這每件事都像一塊磚頭，如果要構築堅固的城牆，那鐵定是缺一不可。㊇

㊇羅・喬森

在還沒讀到霍華・馬克斯的《投資最重要的事》之前，我在哥倫比亞商學院的投資課中從未有單一教材。在二〇一一年秋季班開始，我在價值投資和證券分析課程中，以這本書當成主要教材，馬克斯的論述是課堂最好的補充。

㊇羅・喬森

這個論點就是貫穿《投資最重要的事》這本書的主題，也是馬克斯重要的投資觀念。要向商學院學生解釋投資觀念，我相信最大的挑戰是有效傳達，投資需要從許多不同的基本議題找到平衡點，《投資最重要的事》在這點顯然做了最好的示範。

我不打算寫一本投資手冊，相反的，這本書要談的是我的投資哲學。這些是我遵守的信條，在投資生涯中，有如我的宗教，如路標一樣指引著我，我相信它們。我認為我提供的訊息能夠持續久遠，就算過了今天，我相信仍舊適用。（霍）

這不是一本工具書，沒有投資成功的途徑，沒有一步一步的指示，沒有包含數學常數與固定比率的評價公式，事實上，出現的數字非常少。這本書只提供你做出好決策的思考方法，而且或許更重要的是，可以幫助你避開常見的投資陷阱。

不過我的目標並不是要簡化投資行為。事實上，我最想說清楚的是投資行為到底有多複雜。試圖讓投資簡化的作者只會讓讀者受到極大的損害。我還是堅持一般對報酬率、風險和投資流程的看法，在任何時間討論到特定的資產類型和策略時，我的目的都只是為了闡明我的觀點。

現在說一下這本書的結構。前面提過，成功的投資必須同時深入思考很多層面，如果可以同時討論所有層面，我會這樣做。但不幸的是，語言的局限迫使我一次只能討論一個議題。因此我先從發生投資行為的市場環境開始討論，讓讀者了解這樣的投資戰場是如何建構出來。接著我會討論投資人的思維與行為，這是影響他們投資是否能成功的因素，以及投資人應該做哪些事才能增進投資機會。在最後幾章，我會試著將各種想法歸納起來，因為我的投資理念有著「整體的」（of a piece）概念，所以有些想法會在不只一章中提及，如果你感覺有重複，還請你多包涵。

希望你會覺得這本書的內容相當新奇，可以激發思考，或許還有些爭議。如果有人告

霍華・馬克斯
我把這本書主要的內容稱為「投資的人性面」。這不需要太多的金融分析或投資理論，而是需要更多的思考並處理干擾投資想法的心理面影響，以及很多因為其他人的思維所犯下的錯誤。當我說「思考」的時候，意思並不是說我的思考流程是唯一的方法，這只是一個範例。如果你想要成功，就必須遵循一套嚴謹的思考流程，但未必要和我的一模一樣。

訴我：「我喜歡你的書，書裡的內容我之前都讀過了。」我會覺得很失敗。我的目的是分享你以前從沒聽過的投資想法和思考方式，如果你說：「我從未這樣想過。」這短短幾個字會讓我無比欣慰。

特別是你會發現，相較於討論如何達到投資報酬，我花更多時間在討論風險與如何限制風險。對我來說，風險是投資裡最有趣、最具挑戰性的根本要素。㊖

從生活中學到經驗教訓

當潛在客戶想要了解橡樹資本為什麼成功，他們的第一個問題通常是：「你們成功的關鍵是什麼？」我的回答很簡單，我們有個經過四十多年發展磨練所形成的有效投資理念，還擁有投資文化與價值觀都相同的高度專業員工去貫徹執行。

投資理念是怎麼來的？有一件事我非常肯定，沒有人在投資生涯一開始便具備充分成形的投資理念。投資理念一定是隨時間經歷，將各種不同來源的想法長期累積總結而成。如果沒有在生活中學到經驗教訓，就不能有效發展出投資理念。我很幸運在一生中，既有豐富的經驗，也受過強大的教訓。

在兩所傑出的商學院念書的時光，提供我非常有用的知識，整合這些知識很有挑戰性。在華頓商學院念大學時，我接受理論研究前基本而質化的學問指導，而到了芝加哥大學商學院時，我接受理論與量化的教育。重要的並不是我學到哪個特定的事實或流程，而是接

㊖**保羅・喬森**
在我讀過的書中，《投資最重要的事》是第一本討論投資流程中的風險與其重要性的書。事實上，這本書最突出的地方，以及對投資智慧最大的貢獻，就是對於風險進行廣泛的討論。

觸到這兩個主要的投資理念後，我必須思索如何將其融會貫通，綜合成自己的投資方法。

重要的是，像我這樣的投資哲學必須建立在對生活的細心觀察上。你必須意識到這個世界正在發生什麼事，以及這些事情會產生什麼結果。唯有如此，你才能在再次發生類似情況時，運用學到的教訓。大多數投資人都沒這樣做，才會一再受到經濟繁榮與蕭條的景氣循環危害，而這跟其他事情比起來特別重要。㊎賽

我喜歡說：「當你得不到想要的東西時，就會得到經驗。」㊎喬

多頭行情時只會帶來不好的教訓，因為投資很容易，你以為知道投資的祕密，不用擔心風險。最有價值的教訓都是在困難時期學到的。就這一點來說，我很「幸運」經歷過一些大風大浪，像是一九七〇年代的阿拉伯石油禁運、停滯性通膨、漂亮五十（Nifty Fifty）＊股價崩盤與「股票之死」（death of equities）⋆；一九八七年的黑色星期一，道瓊工業指數（Dow Jones Industrial Index）的市值一天就暴跌二二・六％；一九九四年利率飆升，導致對利率敏感的債券商品價格銳減；一九九八年出現新興市場危機、俄羅斯債務違約與長期資本管理公司（Long-Term Capital Management）破產；二〇〇〇至二〇〇一年科技股泡沫破裂；二〇〇一至二〇〇二年會計醜聞¥；還有二〇〇七至二〇〇八年的全球金融危機。

經歷過一九七〇年代的事件特別重要，因為很多挑戰都在那個時候出現。一九七〇年代幾乎不可能找到投資工作，這意味著為了在那個時候得到經驗，你必須在之前就上工。想想一九六〇年代這個圈子的人，有多少到了一九九〇年代末科技泡沫時代還在崗位上？並不多吧。大部分的專業投資人都是在一九八〇年代和九〇年代進入這個產業，根本不知道市場

賽斯・卡拉曼

持續細心觀察同樣能讓你對以往從未發生過的事有更好的準備。華倫・巴菲特在尋找接班人的時候就強調這一點的重要性。保持警覺可以幫助你在事情還沒惡化的情況下，辨認和避免可能不斷增加的風險。馬克斯在第五章會提到這點。

喬爾・葛林布萊特

這是我最喜歡的「霍華學說」之一。我常會想起這句話。

＊漂亮五十是指一九六〇年代和一九七〇年代在紐約證券交易所交易的五十支大型股，一九七〇年代因為市場吹捧，平均本益比曾高到四十倍以上，後來因為道瓊指數大跌而崩盤。

⋆一九七九年八月，美國《商業週刊》（*Business Week*）有一期的封面故事以「股票之死」（death of equities）形容股票市場，認為沒有人會在這個時間買進股票。

¥這是指當時世界最大的電力與天然氣公司安隆（Enron）做假帳的舞弊掏空案。

的跌幅可以一天超過五%，而一九八二至一九九九年的最大跌幅就是如此。㊢

如果你閱讀廣泛，可以向很多發表偉大思想的人學習，對我來說，最重要的包括查爾斯・艾利斯（Charley Ellis）在一九七五年《金融分析師期刊》（*The Financial Analysts Journal*）七—八月號發表的〈輸家遊戲〉（The Loser's Game）、約翰・肯尼斯・高伯瑞（John Kenneth Galbraith）一九九〇年出版的《金融狂熱簡史》（*A Short History of Financial Euphoria*）、納西姆・尼可拉斯・塔雷伯（Nassim Nicholas Taleb）二〇〇一年出版的《隨機騙局》（*Fooled by Randomness*），他們對我的思想都產生巨大影響。㊭

最後，我極其幸運能直接向一些傑出的思想家學習，例如約翰・肯尼斯・高伯瑞教我了解人性的弱點；華倫・巴菲特教我耐心等待時機與反向投資；查理・蒙格（Charlie Munger）教我合理預期的重要性；布魯斯・紐伯格（Bruce Newberg）教我「機率與結果的關係」；麥可・米爾肯（Michael Milken）教我有意識地承擔風險；里克・凱恩（Ric Kayne）教我架設「陷阱」，找出被低估的投資機會，能多賺少賠。我也因為與彼得・伯恩斯坦（Peter Bernstein）、賽斯・卡拉曼、約翰・伯格、雅各・羅斯柴爾德（Jacob Rothschild）、傑瑞米・葛蘭瑟姆、喬爾・葛林布萊特、湯尼・佩斯（Tony Pace）、歐林・克萊默（Orin Kramer）、吉姆・葛蘭特（Jim Grant）、道格・卡斯（Doug Kass）往來，得到很多收穫。

很高興的是，我接觸到前面提及的所有投資該注意的要素，多年來一直有意識地融入公司的投資理念，妥善應用，並提供服務給客戶。這並不是唯一正確的方法，其實解決之道各式各樣，只是這個方法剛好適合我們。

㊢斯・卡拉曼

這可能是這本書裡最讓人震驚的描述。在這段期間，投資人如催眠般預期一年獲得兩位數字的報酬，卻完全忽視風險。十七年應該被認定為長期，大概是一個人職業生涯的一半，但只憑這段時期的職業生涯，很難抵擋住時間的考驗（譯註：這裡的十七年是指一九八二至一九九九年）。

㊭羅・喬森

這是非常棒的書單，幸運的是，學生們現在又多了一本《投資最重要的事》。

我還必須指出的是，如果沒有橡樹資本的共同創辦人布魯斯・卡西（Bruce Karsh）、薛爾登・史東（Sheldon Stone）、賴瑞・基爾（Larry Keele）、理查・馬森（Richard Masson）與史帝夫・卡普蘭（Steve Kaplan）的傑出執行能力，我的投資理念不會有太大價值。我很榮幸能在一九八三至一九九三年與他們一起工作。我相信，任何概念都比不上將其付諸實踐，在投資界尤其如此。如果沒有這些夥伴與橡樹資本同事的成就，我在這裡分享的投資理念還有誰會注意到。霍

霍華・馬克斯

因為在書裡增加評註，讓我很高興有機會認識幫助出版本書的許多人：哥倫比亞大學出版社的布里奇特・福蘭尼—麥考伊（Bridget Flannery-McCoy）、米蘭達・李（Milenda Lee）、珍妮佛・傑洛姆（Jennifer Jerome）、梅雷迪斯・霍華（Meredith Howard）和諾亞・阿洛（Noah Arlow），以及我的編輯顧問梅吉・斯塔基（Maggie Stuckey）。此外，我也要感謝麥爾・湯普森向我提出與哥倫比亞大學出版社合作出書的想法，並促成這件事。最後還要感謝我的朋友彼得・考夫曼（Peter Kaufman），因為，對非投資領域相似情況的建議啟發我對投資的思考。

—第1章—

學習第二層思考

投資這門藝術有個特點很少人知道，投資門外漢只要一點努力與能力，就能有不特別突出、但還不錯的績效。但如果想在這個容易獲得的標準成果上更進一步，就需要付出非常的努力，以及擁有更多的智慧。

班傑明・葛拉漢《智慧型股票投資人》（*The Intelligent Investor*）

凡事都該力求簡單，但不是要變得更簡單。

愛因斯坦

投資並不容易，認為投資很容易的人都是傻瓜。

波克夏海瑟威公司副董事長查理・蒙格

很少人擁有優異投資人的條件，有些人可以教導，但不是每個人都學得會。而且就算是教得**會**，也不是每件事都可以教；即使有一種效果十足的方法，也不是每次都管用。投資不可能簡化成一種邏輯運算，然後交給電腦去做。即使是最好的投資人，也不可能每次都做對。

理由很簡單，沒有一條規則永遠行得通。環境不受控制，而且情況也很少完全相同地重複一次。心理因素在市場上扮演主要角色，而且因為變動很大，導致因果關係的推演變得不可靠。一種投資方法也許一陣子有用，但根據它所採取的行動會讓環境改變，這意味著需要另一個新方法。更何況如果有人原封不動照搬，那麼，它的效果也會大打折扣。

投資就像經濟學一樣，與其說是一門科學，其實更像一門藝術，這表示投資會有一點混亂。

> ✉今天需要謹記在心最重要的一件事是，經濟學並不是精確的科學，它甚至根本不能說是一門科學。科學的概念是指可以在控制的環境下進行實驗，而且有信心能複製過去產生的結果，其因果關係須可靠不變。
>
> 〈這行得通嗎？〉（WILL IT WORK?），二〇〇九年三月五日

由於投資的藝術成分與科學成分相當，因此不管是在這本書，還是其他地方，我的目標都不在於找出投資常規。事實上，我最想強調的事情之一是，投資方法務必要藉由直覺且

不斷調適，而不是固定與機械化的操作。

投資的目標是打敗大盤

問題在於你想要達到什麼目標。每個人都能得到平均水準的投資績效，只要去投資每支股票都買一點的指數基金就好。這會給你所謂的市場報酬（market returns），剛好與市場的表現相符。但是成功的投資人想要賺得更多，他們想要打敗大盤。㊮

我認為，這正是成功投資的定義：比市場和其他投資人表現得更好。㊯

要做到這一點，你不只需要好運，還需要卓越的洞察力，單純依賴運氣並不是好方法，所以你最好把心力放在提高洞察力上。在籃球場上，大家會說：「身高是無法訓練的。」這意思是說，世界上的任何訓練都無法使運動員長得更高，訓練洞察力一樣這麼困難，就像所有才藝，有些人就是比其他人更懂得投資，他們擁有（或能設法得到）班傑明‧葛拉漢大力提倡且必不可少的「更多的智慧」（trace of wisdom）。

每個人都想要賺錢，所有經濟學都建立在一種信念上：人類的行為普遍有獲利動機。資本主義也一樣，獲利動機促使大家更努力工作，也願意冒險投資。追求獲利使得世界上的物質生活有極大進步。

但是這種普遍行為也使得擊敗大盤成為困難的任務。數百萬人都在爭奪每一塊錢可能的投資獲利，誰會得到呢？那就是搶先一步的人。在某些領域中，比別人搶先一步的意思是

㊮斯‧卡拉曼
打敗大盤很重要，但是控制風險同樣重要。最終投資人都必須自問，是對相對報酬（relative returns）感與趣，還是對絕對報酬（absolute returns）感與趣。在大盤下跌五〇%時，負四五%的投資報酬率代表打敗大盤，但對我們大多數的人來說，這樣的勝利是多麼慘烈。

㊯里斯多夫‧戴維斯
這裡的言外之意是，你必須有足夠的耐心，給自己足夠的時間，你要的不是短線暴利，而是長線的穩定報酬。

接受更高教育、在體育館或圖書館花更長時間、攝取更好營養、付出更多汗水、擁有更佳耐力或更優設備。但是在投資這個領域，這些東西都不重要，投資需要的是更有洞察力的思考，也就是我說的第二層思考。

想要投資的人可以去上金融與會計課程，廣泛閱讀相關書籍，如果運氣不錯，可能有機會向對投資流程有深刻了解的人學習，但這些人中，只有少數人擁有維持平均報酬以上所需要的卓越洞察力、直覺、價值觀念，以及對市場心理面的了解。想要做到這一點，就需要第二層思考。

投資思考必須與眾不同

請記住，你的投資目標並不是要賺取平均報酬，你要賺得比平均報酬還多。因此，你的思考必須比其他人更好，不但要更有思考力，還要拉高層次思考。其他投資人也許很聰明，消息靈通，而且高度依賴電腦操作，因此你必須找出他們未能具備的優勢。你必須思考他們沒想過的事，看見他們錯失的機會，或是擁有他們缺乏的洞察力。你的反應和行為必須與他們不同。簡而言之，做對事情也許是成功投資的必要條件，但不會是充分條件。你必須比其他人做對更多事，這意味著，你的思考方式必須與眾不同。(保)

什麼是第二層思考？

(保)羅・喬森

馬克斯這段話的結論非常好，它成功定義第二層思考對成功投資的特殊重要性。接下來有三個很好的例子，簡短討論第一層思考與第二層思考的差異。

- 第一層思考會說：「這是一家好公司，就買這支股票吧！」第二層思考則會說：「這是一家好公司，但每個人都認為這家公司很好，所以這不是好公司。這支股票的股價被高估，市價過高，所以賣出！」㊣喬
- 第一層思考會說：「從前景來看，經濟成長低迷、通貨膨脹上揚，該賣出持股！」第二層思考則會說：「經濟前景糟糕透頂，但每個人都因為恐慌拋售股票，應該買進！」
- 第一層思考會說：「我認為這家公司的盈餘會下降，所以賣出！」第二層思考則會說：「我認為這家公司盈餘的下降幅度低於預期，出乎意料的驚喜會推升股價，所以買進！」

第一層思考簡單膚淺，而且幾乎每個人都做得到（如果你希望保持投資優勢，這並不是個好徵兆）。每個第一層思考的人需要的只是對未來的看法，例如：「這家公司的前景看好，意味著股價會上漲。」

第二層思考則比較深入、複雜，而且迂迴。第二層思考的人要考慮很多事情：

- 未來可能產生的結果會落在哪些範圍？
- 我認為會出現哪個結果？
- 我的看法正確的機率有多高？

喬爾・葛林布萊特
我一直從散戶那裡聽到第一層思考。他們會閱讀報紙或觀看美國財經電視台ＣＮＢＣ，然後接受傳統第一層思考的投資意見。

- 大家有哪些市場共識？
- 我的預期與市場共識有多大的差異？
- 這項資產的市價與市場共識認為的價格有多吻合？與我認為的價格呢？
- 價格所反映出的共識心態是過於樂觀還是悲觀？
- 如果市場共識證明是正確的，那對資產價格有什麼影響？如果我的預期才是正確的，又有什麼影響？㊍

第一層思考和第二層思考的工作負擔明顯有很大的差異，有能力做到第二層思考的人數顯然會比做到第一層思考的人數少很多。

第一層思考的人尋找簡單的公式與容易的解答。第二層思考的人知道成功的投資會與簡單對立，這並不是說你碰不到很多費盡心力要讓投資聽起來很簡單的人，我把其中一些人稱為「唯利是圖者」（mercenary）。證券公司想讓你認為每個人都有能力投資，每次交易只要付出十美元。基金公司不想讓你認為自己有能力投資，但他們想要讓你認為**他們**會投資，這樣你就會把錢投入積極操作的基金，而且付出更高的基金管理費用。

其他把投資流程簡化的人，我稱為「說客」（proselytizer），有些人是教導投資的學者，有些人則是出於好意，卻高估自己的控制能力，我想他們大都沒有記錄自己的投資表現，或是他們忽視投資績效不好的年份，或是將投資虧損歸咎於運氣不好；最後還有一些人完全不理解投資的複雜性，有位來賓在我的通勤時段的電台節目上說：「如果你使用某個產

㊍里斯多夫・戴維斯
這些問題是很好的提醒，在評估新的投資機會時，你應該要一直拿來問問自己。新的投資機會所帶來的興奮感很容易讓你忘記這些事。

品的經驗很好，就去買它的股票吧。」但是想要成為成功的投資人並沒有那麼簡單。

第一層思考的人用同樣的方式想事情，所以通常也會得出相同結論。從定義上來看，這不可能獲得卓越的投資成果，不可能讓每個投資人都打敗大盤，因為他們集合在一起就是整個市場。

當你在投資這個零和世界中參與競爭時，必須先問問自己是否有處於領先地位的充分理由。想要比一般投資人的表現更好，你必須比市場共識更深入思考。你有這樣的能力嗎？為什麼你會這麼認為？㊇克

做出正確的判斷

問題是，出色的績效表現只會來自於正確、但與市場共識不同的預測，可是，很難做出與市場共識不同的預測，據此預測採取行動更是困難。多年來有許多人就告訴我，矩陣圖的內容對他們產生的影響保：

> ✉你不可能做著別人都在做的事，卻還期待表現比他們好……不應該把與眾不同當成目標，而該把它當成一種思考方式。為了讓你與其他人有所區別，與眾不同能幫助你擁有不一樣的想法，並用不同的方式處理那些想法。我把這些情況簡化為下面的二乘二矩陣：

克里斯多夫・戴維斯
你可以把這個問題倒過來問，除了問自己如何會成功、為什麼會成功，你還可以問為什麼其他人會失敗。他們的問題出在選錯時機嗎？還是動機有問題或不合理？

保羅・喬森
對於想要以正確觀念來取得卓越投資表現的投資人來說，這一段的概念非常重要。光是本段所展現的智慧就讓這本書物超所值。

當然事情沒有那麼簡單，也不能清楚劃分，但是我認為一般情況就是這樣。如果你採用一般的行為，你會得到一般的結果，不論是好還是壞。只有當你採取與眾不同的行為，你的表現才會異於常人，而且只有在判斷比別人卓越時，你才會有高於平均的表現。

〈勇於做到最好〉（DARE TO BE GREAT），
二〇〇六年九月七日

結果很簡單：要達到卓越的投資績效，你必須對於「價值」擁有與眾不同的觀點，而且必須做出正確的判斷，這不是容易的事。

✉購買一個價格低於價值的商品很吸引人，因此，如何在效率市場找到便宜標的呢？你必須擁有傑出的分析能力、洞見或遠見。但是因為要很傑出，所以很少人做得到。

圖 1-1

	一般的行為	與眾不同的行為
有利的結果	與平均表現一樣好的結果	高於平均表現的結果
不利的結果	與平均表現一樣糟的結果	低於平均表現的結果

〈報酬以及得到報酬的方法〉(RETURNS AND HOW THEY GET THAT WAY),

二〇〇二年十一月十一日

為了你的表現能與一般人不同,所以你的預期、甚至你的投資組合也必須與一般人不同,而且你的看法得比市場共識更為正確。與眾不同,而且表現更好,就是對第二層思考的人最好的描述。

認為投資流程很簡單的人,通常沒有第二層思考的需求,甚至不知道有第二層思考。因此很多人被誤導,認為每個人都能成為成功的投資人。但並不是每個人都做得到。不過好消息是,正因為第一層思考的人很多,第二層思考的人得到的投資報酬才會因此增加。為了持續達到卓越的投資報酬,你必須成為第二層思考的一員。㊋

㊋喬爾・葛林布萊特

這裡的概念是說,儘管對大多數的人來說,同意廣泛接受的市場共識很輕鬆,但是這樣通常不會獲得高於平均水準的報酬。

— 第2章 —

了解效率市場與局限

「理論」與「實務」在理論上並無不同，但實務上則迥異。

美國職棒傳奇捕手約吉・貝拉（Yogi Berra）

一九六〇年代出現了新的金融與投資理論，因為發源於芝加哥大學商學院（University of Chicago's Graduate School of Business），而被稱作「芝加哥學派」（Chicago School）。一九六七至六九年間我剛好在那裡念書，就在新理論的發源地，大大啟發與影響我的思考。

後來這個理論所包含的概念成為投資領域重要的討論要素，例如風險趨避、以風險定義的波動性、風險調整後的報酬、系統性風險與非系統性風險、α值、β值、隨機漫步假說（random walk hypothesis），以及效率市場假說（efficient market hypothesis）（這些概念後面還會提到）。這個概念自提出以來，就對投資領域有特別大的影響，重要到值得用一整章的篇幅來討論。

✉效率市場假說提到：

- 市場有很多參與者，而且他們大致會透過相同管道來取得所有相關資訊。他們都很聰明、客觀，非常積極，也努力工作。他們的分析模型廣為人知，而且被廣泛採用。
- 由於這些參與者的共同努力，資訊會充分且及時的反應在每個資產的市場價格上。而因為市場參與者都會立即買進太便宜的資產，或是賣出太昂貴的資產，所以資產的絕對價格與彼此之間的相對價格都會訂得相當公平。
- 因此，市場價格代表著資產實質價值（intrinsic value）的精確估計，也沒有哪個參與者能夠持續辨識出市場價格發生錯誤，而能從中獲利。
- 所以，資產是以相對於其他資產的「公平」價格銷售，提供風險調整後的預期報酬。高風險的資產必須提供更高的報酬來吸引買家，市場會根據情況設定價格，但並不會提供「免費的午餐」。也就是說，沒有任何資產報酬的增加與風險增加（和風險補償）無關。

以上是效率市場假說大致的重點，現在來談談我的看法。當我談到這個理論時，我也用了**效率**這個詞，但我的意思是指「快速、盡快整合資訊」，而不是「正

確」。(保)

因為投資人努力評估每條新資訊，所以資產價格會迅速反應市場對這些訊息的重要性所產生的共識，這點我同意。但我不相信這個市場共識的看法必然是對的。二〇〇〇年一月雅虎的股價是兩百三十七美元，二〇〇一年四月是十一美元，如果有人認為在這兩個時間點的市場都是對的，那他應該在做白日夢。這兩個情況一定有一個是錯的，但不表示很多投資人都能夠察覺市場錯誤，進而採取行動。如果在效率市場，價格已經反映市場共識，那麼分享市場共識的看法只會讓你賺到平均報酬。為了打敗市場，你必須有獨特或與市場共識不同的看法。(保)

對我來說，重點在於，雖然更有效率的市場常常會錯估資產價值，但對每個與其他人擁有相同資訊、也受到相同心理面影響的人來說，要持續擁有與市場共識不同的看法，而且這個看法還要比共識更正確，並不容易。(賽克)

這表示很難打敗主流市場，即使他們不見得都是對的。

〈α 值到底是什麼?〉(WHAT'S IT ALL ABOUT, ALPHA?)，

二〇〇一年七月十一日

效率市場假說最重要的成果就是做出「你無法打敗大盤」的結論。芝加哥學派不只是用邏輯推導得出這個結論，還透過共同基金的績效研究得到支持：績效表現突出的基金少之又少。

(保)羅・喬森

馬克斯對「效率」的定義很實用，很適合用來教學。

(保)羅・喬森

在這裡，馬克斯成功把市場效率與第二層思考聯繫起來。對投資理論來說，這段敘述有非常重要的貢獻，因為很少有人把市場理論的學術研究與如何積極管理資產的實用觀點結合在一起。

(賽)斯・卡拉曼

心理影響是控制投資人行為的主要因素。在決定證券價格時，心理面影響與股票的基本價值同樣重要，甚至更為重要。

(克)里斯多夫・戴維斯

花時間充分了解在特定情況下，投資動機如何起作用也很重要，不當的動機往往會導致非理性、破壞性或違反直覺的行為或結果。

你可能會問，得到五星評等的基金表現又怎麼說呢？讀讀公開說明書上的小字警語吧：基金的評等是相對於其他基金所給定。這些評等並沒有說要擊敗某個市場的客觀標準，像是擊敗大盤指數。

好吧，那麼我們聽過的著名投資人表現如何呢？首先，一年或兩年的好表現並不能證明什麼，從機率來看，任何結果都有可能發生；第二，統計學家堅稱，在沒有蒐集足夠年份的資料之前，無法證明這些表現有統計上的顯著性。我記得要達到這個標準需要六十四年的資料，幾乎沒有人會管理資金這麼長的時間；最後，一位或兩位優異投資人的出現並不能否定這個理論，事實上華倫・巴菲特之所以如此受到注目，正好說明要持續有傑出表現是多麼難得。

芝加哥理論所產生的最重要一項成果，是促進**指數基金**（index funds）這個被動型投資商品的發展。如果，最積極的基金經理人透過加碼和減碼股票等「積極下注」（active beats）的操作都無法打敗大盤，那又何必付出交易成本與管理費用來做這類操作呢？當心裡有了這個懷疑之後，投資人將愈來愈多資金投入在指數型基金中，這類基金會根據市場指數裡每個股票和債券的比重投資，用這個方法，投資人一年只需要付出數萬分之一的管理費，就可以得到大盤報酬。

正如我稍後會提到的，每件事都會循環，其中也包括「公認的智慧」（accepted wisdom），因此效率市場假說在一九六〇年代快速發展，吸引很多信徒。不過從那時開始就有人提出反對意見，大眾對於這個理論是否適用的看法也變來變去。

承擔風險不等於帶來報酬

對於這個理論，我持保留意見，最大的問題在於報酬與風險的連結方式。根據這個投資理論，人類有規避風險的本能，意思是說人們一般而言寧願承受比較少的風險，而不是比較多的風險。要讓人進行風險較高的投資，必須有較高報酬的承諾來誘導。因此市場會調整投資的價格，在已知的事實和共識下，承擔更高風險的人可以獲得更高的報酬。

因為理論認為，在效率市場中沒有可以讓人戰勝市場的投資技巧（現在一般是指常用的α值），所以兩筆不同投資的報酬差異，或是一個人的投資組合與另一個人的投資組合的報酬差異，全都取決於承擔的風險多寡。事實上，如果你拿像我一樣有卓越績效的投資紀錄給效率市場假說的信徒看，他們可能會告訴你：「高報酬的表現可以用隱藏風險來解釋。」（這句話呈現的底牌是說：「你沒有足夠多年的數據。」）

我們偶爾會處在每件事都很順利的期間，風險較高的投資似乎如承諾般提供較高的報酬。這樣平和的時期讓大家相信，想要得到較高的報酬，就必須進行較高風險的投資。但他們忽略多頭行情時很容易忘記的事：因為如果要指望用高風險投資來創造高收益，那這些投資也算不上是高風險了。

因此，每隔一段時間，大家就會學到一條深刻的教訓，他們會理解到，沒有任何東西會承諾有免費午餐可以吃，當然，這也包括無條件接受風險。市場會提醒他們，投資理論必然有其局限。

符合效率市場的資產類型

這就是效率市場假說與其中的含義。關鍵的問題是下面這些敘述是不是對的：投資人真的無法戰勝市場嗎？投資人都在浪費時間嗎？顧客付錢請理財專員提供服務只是白花錢嗎？就像世界上的其他事情一樣，這些答案並不簡單，而且肯定不只是回答「是」或「否」就好。

我認為不應該馬上拋棄效率市場的概念。原則上來說，如果有數千個理性和懂得計算的投資人在蒐集資產的資訊，而且勤奮客觀的做出評估，那做出「資產價格不應該偏離實質價值」這樣的結論是對的，因為資產價格錯誤並不常見，這意味著很難打敗大盤。

事實上，某些資產相當符合效率市場，主要的類型有：

- 廣為人知，而且有很多人追蹤的資產；
- 社會認可，不具爭議性或是冒犯禁忌的資產；
- 擁有清楚易懂等優點的資產，至少表面上是如此；
- 資產類型和組成要素的相關資訊能夠普遍而公平的散播。㊫

㊫賽斯・卡拉曼

這些特徵大部分不是固定的。某些廣泛接受的資產可能變得有爭議，甚至成為禁忌。資訊可能變得更容易或更困難獲得。因此，某個時間被認為是接近效率市場的資產類型，到了另一個時間可能是無效率市場，歐洲主權債務就是近期的一個例子。

如果符合這些條件，這樣的資產沒有理由會受到系統性的忽視、誤解或低估。㊙以外匯為例，是什麼決定一種貨幣相對於另一種貨幣的價格變動呢？是未來的經濟成長率與通貨膨脹率。會有任何人比其他人系統性地了解更多事情嗎？可能不會。如果沒有人可以比其他人了解更多，那就不會有人透過貨幣交易穩定地得到比風險調整後的平均報酬還高的報酬。

那像紐約證券交易所（New York Stock Exchange）這樣的主要股票市場表現如何呢？有好幾百萬人受到獲利欲望驅動，在那裡尋找投資標的。他們都擁有相似的資訊，事實上，市場監管單位的其中一個管理目標，就是要確保每個人同時得到同一家公司的資訊。當數百萬人都根據相似的資訊進行相似的分析時，那股價被錯估的頻率有多高？有人規律地發現股價錯估的頻率又有多高？

答案是，這些事情不常發生，而且就算發生了也不可靠，但這就是第二層思考的本質。

第二層思考知道，想要得到卓越的績效，他們不是有資訊取得優勢，就是要有分析優勢，或是兩者兼具。他們時時警惕，防止失察。我的兒子安德魯（Andrew）剛開始投資時，他會從今天的實際情況和明天的前景中，提出許多吸引人的投資點子。但是安德魯是受過良好訓練的投資人，他第一個要檢驗的事情千篇一律，那就是：「誰不知道那件事？」

保羅・喬森
如果這些條件出現相反情況，就是對效率市場的測試。以第一個條件來說，如果是一個沒有廣為人知、而且沒有很多人追蹤的資產，就會出現無效率市場的定價；如果是一個社會不認可、有爭議或冒犯禁忌的資產，那也會出現無效率市場的定價。另外兩個例子也可以此類推。

無效率市場的特徵

以理論的術語來說，第二層思考依賴的是無效率（inefficiency）。**無效率**這個詞在過去四十年來被人廣泛使用，用來反擊投資人無法打敗市場的說法。對我來說，要將一個市場描述為無效率市場未免太過誇張，這只是要說明市場容易出錯，所以會受人利用。

那錯誤從哪裡來？我們來看看效率市場理論背後有哪些假設：

- 有很多努力研究的投資人。
- 他們聰明、勤奮、客觀、積極，而且準備充分。
- 他們都能取得可用的資訊，且取得管道大致相同。
- 他們都能買進、賣出或放空（也就是打賭會下跌）所有資產。

因為有這些理由，效率市場假說認為，可用的資訊會順利而有效整合到價格中，在價格與價值不符時進行調整，消除其中的差異。

但是要主張價格永遠正確是不可能的事。事實上，如果你仔細看剛剛列出來的四項假設，就會發現其中一項特別薄弱，那就是「客觀」。人類不是沒有感情的運算機器，相反地，大多數的人都受到貪婪、恐懼、嫉妒或其他情緒驅動，破壞保持客觀的可能性，讓明顯的錯誤趁虛而入。

同樣的，那第四個假設呢？儘管投資人應該對任何資產抱持開放的態度，既可以選擇持有，也可以放空，但實際情況並非如此。大部分的投資專家都會被指派到特定的利基市場操作，例如他們會說：「我在股票部門工作。」或是說：「我是債券部門經理。」(賽) 而且真正放空的投資人比例實在微乎其微。那又是誰做出決定，執行消除資產間錯誤定價一事？

擁有罕見洞察力的投資人，能夠打敗一個存在錯誤與錯誤定價特徵的市場。因此，無效率市場的存在，使得擁有高於大盤報酬的可能性得以發生，這也是績效超越市場的必要條件。不過，誰都無法掛保證。

✉對我來說，一個無效率市場至少具備下面列出的一項特徵（而且有可能最後擁有全部特徵）：

- 市場價格常常是錯的。因為資訊的取得和分析非常不完整，市場價格往往會遠遠高於或低於實質價值。
- 一個資產的風險調整後報酬，可能比其他資產的風險調整後報酬相差甚遠，因為資產常常被評估為不公平的價格，所以風險調整後的報酬，相對於其他資產可能明顯偏高（有如免費的午餐），或是偏低。
- 有些投資人的表現始終比其他人好，因為存在著①明顯的錯誤定價與②參與的投

(賽)斯・卡拉曼

如「穀倉」(silo) 般劃分一個一個關注領域是一把雙面刃。縮小關注範圍可能會具備更專業的知識，但是如果只是將關注的範圍限定在嚴格的界線之內，那很有可能會對界限外的資產做出錯誤的價格判斷。同樣的，如果其他人關注的領域跟你很相似，那即使你有更專業的知識，也有可能因為競爭而拉低報酬。

資人有不同的技巧、洞察力和取得的資訊，因此是有可能規律地找出錯誤定價的資產來獲利。

理解最後一點的意義非常重要，無效率市場並不一定會給參與的投資人豐厚的報酬，相反地，從我的觀點來看，他們提供錯誤定價這個原料，允許一些人以不同的技巧成為市場贏家，**一些人成為輸家**。如果定價出現嚴重錯誤，意味著可以找到便宜**或價格過高**的資產。相對於每個在無效率市場裡得到好交易的人，一定有人把東西賣得太便宜。在撲克牌玩家中有句名言：「每個遊戲場上都有一條魚，如果你玩了四十五分鐘之後還不知道誰是那條魚，那你就是那條魚。」同樣的情況當然也出現在無效率市場的投資上。

〈α值到底是什麼？〉，二〇〇一年七月十一日

專注在無效率市場

在效率市場與無效率市場的激烈辯論中，我的結論是，沒有一個市場是完全的效率市場或無效率市場，這只是程度問題。我衷心感謝無效率市場提供的機會，但我也尊重效率市場的概念，而且我堅信主流的證券市場有足夠的效率，想在裡面找到贏家基本上只是浪費時間而已。㊣

保羅・喬森

這個概念非常重要，因為商學院裡的爭論常常不是偏向這個極端，就是那個極端。很多學者主張市場完全有效率，他們之所以允許反對意見的存在，只是為了讓正反兩方維持平衡的討論。馬克斯提供一個卓越的方法來處理這個議題。馬克斯的觀察帶來一個必然依循的結論，投資人應該尋找尚未達到完全效率定價的市場或資產，而不是追逐完全無效率市場。

最後，我得到一個有趣的解答：效率並沒有普遍到該讓我們放棄卓越的績效。同時，效率也是律師口中說的「可反駁的推定」（rebuttable presumption），在沒有人證明他是錯的之前，應該被視為是對的。因此我們應該假定效率會妨礙我們的表現，除非有充足的理由相信目前的情況不會產生妨礙。

出於對效率的尊重，在採取行動以前，我們應該問一些問題：投資人的共同努力是否足以消除市場的錯誤與錯誤定價？或是市場的錯誤與錯誤定價還是存在？為什麼？

可以思考下面這些問題：

- 當數千個投資人伺機而動，願意抬高便宜資產的價格時，為什麼還會有便宜的資產？
- 當相對於風險的報酬顯然偏高的時候，是不是表示你可能忽略某些隱藏的風險？
- 為什麼賣家賣出資產的時候，願意接受能讓你獲得超額報酬的價格？
- 你真的比賣家知道更多資產的訊息嗎？
- 如果這是這麼好的交易，為什麼沒有其他人搶購？

還有一件事要牢記：市場今天有效率，不表示永遠有效率。

重點是，無效率是卓越投資的必要條件，在完全效率的市場中，要表現得比別人好就像擲一枚硬幣，頂多只能期望有五〇%的成功機率，投資人如果想要取得優勢，那麼潛在過程中就必須有無效率的存在，也就是要有不完美的訂價錯誤存在。

但就算是這樣，這也不是績效超越市場的充分條件，頂多只表示不會總是出現公平的價格，價格還是會發生錯誤：一些資產的定價會太低，一些則會太高。你仍然必須比其他人更有洞察力，規律買進較多定價太低的資產，而不是定價太高的資產。在任何時間，許多最好的便宜資產都是在其他投資人不會發現或不願發現的東西裡。㊢

讓其他人相信永遠無法打敗大盤吧，好讓不願冒險的人退出市場，給願意冒險的人創造機會。

㊢**喬爾・葛林布萊特**
這一點非常重要，也有助於解釋為什麼最專業的投資人很難打敗大盤。大多數專業投資人會避免投資在短期沒有吸引力、沒有資金追價的資產，因為他們想要馬上提高績效。

財富就在眼前

效率市場概念是否就像物理定律一樣，在投資理論裡放諸四海而皆準呢？或者只是個不適用現狀的象牙塔觀念，可以忽略不理？說到底，這是從豐富的普通常識應用中找到平衡的問題。我的投資管理職業生涯會來到關鍵轉捩點，就在於我做了下面的結論：因為效率市場的概念是相對的，因此我應該限制自己將力氣放在相對無效率的市場，辛勤努力，增進技術，就能得到最好的回報。㊢

這個理論的知識幫助我做出決定，讓我避免浪費時間在主流市場，但是因為了解理論有其局限，所以反對主動管理的說法我也並未完全接受。

㊢**喬爾・葛林布萊特**
當然有些市場更沒有效率，因為它們一般較少受到密切關注。但就算是在廣泛關注的市場，也有一部分會沒有效率，例如股票市場中，市值較小的股票，或是公司正面臨異常事件的股票。

✉簡而言之，我認為理論應該是提供訊息給我們做決策，而不是主導我們的決策。

如果完全忽略理論，我們可能會犯下大錯。我們可能會自欺欺人，認為自己懂得比其他人要多，而且能在投資人眾多的市場中規律地打敗大盤。我們可能會為了報酬而買進證券，卻忽視風險的存在。我們可能買進五十檔相關的證券，卻誤認為我們已經分散投資……

但是如果只是囫圇吞棗的理解理論，只會讓我們放棄尋找便宜標的，將投資的過程交給電腦，錯失技巧高超的個人做出貢獻的機會。這讓我在腦海中浮現一個畫面：一個堅信效率市場的金融學教授和一個學生一起散步。

學生問：「地上那張不是十美元的鈔票嗎？」

「不，不可能是十美元的鈔票，」教授回答，「如果真的是鈔票，早就有人撿走了。」

於是教授繼續往前走，那個學生則把鈔票撿起來，拿去買啤酒。

〈α 值到底是什麼？〉，二〇〇一年七月十一日

— 第3章 —

準確估計實質價值

投資要可靠成功，準確估計實質價值是不可或缺的起點。如果做不到這點，想要持續成功的希望就只是希望而已。㊮

「低買高賣」是投資最古老、也是最簡單的法則，這似乎很明顯，誰不想要這樣做呢？但這個法則的真正意義是什麼？同樣很明顯，就像字面上所說，意思是你應該用低價買進一個東西，然後再高價賣出。但反過來說，**這**又是什麼意思？什麼是高價？什麼是低價？

從表面來看，你可以說這意思是，投資的目標是以低於賣出價格來買進某件商品。但因為賣出商品的時間發生在買進之後的某一天，所以這對判斷「今天該用什麼合適的價格來買進」並沒有太大幫助。必須有某種客觀的標準判斷「高價」和「低價」，而最有用的標準就是資產的實質價值。現在，這句話的意思已經變得很清楚：以低於實質價值的價格買進，以更高的價格賣出。當然，要做到這一點，你最好對實質價值有很好的概念。對我來說，準

㊮**爾・葛林布萊特**

華倫・巴菲特說過，最好的投資課只要把兩件事教好：如何估計投資標的的價值，以及如何看待市場價格的走勢。第一步就從這裡開始。

確的估計價值是不可或缺的起點。㉠保

技術分析的問題

簡化（或過度簡化）來看，投資股票的方法可分為兩種基本類型：一種是分析公司的特性，稱為「基本面分析」（fundamentals analysis），一種是分析證券價格的表現。換句話說，投資人有兩個基本選擇，衡量證券的實質價值，並在價格偏離實質價值時買進或賣出；或是單純根據未來價格的變動預期而買賣。

先談談後面這個選擇，因為我不相信這個方法，所以應該可以很快地拋掉它。**技術分析**（technical analysis），也就是對股價型態的研究，在我進入這個行業（之前很久）就已經存在，但現在漸漸沒落。如今，歷史股價走勢的觀察可能會作為基本面分析的輔助，但和過去比起來，我們已經很少聽到有人主要根據價格走勢分析來決定買賣。

技術分析會沒落，部分原因可以歸咎於**隨機漫步假說**的出現，這是一九六〇年代早期芝加哥學派理論的一部分，主要由尤金・法馬（Eugene Fama）教授發展出來。隨機漫步假說認為，過去的股價走勢對於預測未來股價沒有任何幫助，換句話說，股價走勢就像擲銅板一樣是個隨機過程。我們知道擲銅板時，即使連續出現十次人頭朝上，下一次人頭朝上的機率還是五〇%。同樣的，這個假說指出，過去十天股價連續上漲，並不能告訴你明天的股價是漲是跌。

保羅・喬森
這是價值投資的第一塊基石。

另一種依賴過去股價走勢分析來決定買賣的方法是所謂的順勢投資（momentum investing），這也違反隨機漫步假說。我對順勢投資並沒有好感，在我看來，利用這個方法操作的投資人有個假設前提：他們能預知曾經連續上漲的投資標的，將會在某個時間繼續上漲。

順勢投資也許能在持續上漲的多頭市場嘗到甜頭，但我看到很多理論的缺陷，其中一個是來自經濟學家賀伯・史坦（Herb Stein）諷刺的觀察：「如果某個東西無法永遠持續下去，那就會停止。」信奉順勢投資的投資人接下來會發生什麼事？這個方法能幫助他們避開跌勢，及時賣出嗎？而且在下跌的市場他們會怎麼做？

看起來，順勢投資很明顯不是理性的投資方法，最好的例子是一九九八至一九九九年興起的當沖交易投資人。他們大都來自其他行業的非專業投資人，希望能在科技、媒體、電信股的熱潮中輕鬆賺錢，他們很少抱股過夜，因為這會付出代價。當沖交易投資人會在一天之內多次猜測關注的股票在未來幾個小時的漲跌。

我永遠無法理解他們為什麼會得到這些結論，這樣做就好像猜測下一個出現在街角的人是男生還是女生。根據我的觀察，當沖交易投資人認為，如果能以十元買進一檔股票、十一元賣出，下周再以二十四元買回、二十五元賣出，下下周再以三十九元買回、四十元賣出，這樣的操作就算是成功。但當沖交易投資人在這檔上漲三十元的股票只賺了三元，如果你看不出這其中的破綻，或許不必再繼續閱讀下去。

價值投資與成長股投資的差異

拋開順勢投資人和他們的占卜工具，以及其他不用理智分析的投資形式，這裡還剩下兩種以基本面為主的投資方法，那就是**價值投資**（value investing）和**成長股投資**（growth investing）。簡而言之，價值投資人的目標是找出證券目前的實質價值，然後在價格低於價值時買進；成長股投資人則是試著找出未來價值會快速成長的股票。

✉對價值投資人來說，「資產」並不是因為有吸引力（或是其他人發現它有吸引力）而短期投資的概念。資產是一個有形的物體，應該有明確的實質價值，如果能用低於實質價值的價格買到，就應該考慮買進。因此，聰明的投資應該建立在對實質價值的估計上，這些估計必須以可用的訊息為基礎，嚴謹地計算出來。(喬)

〈最重要的事〉（THE MOST IMPORTANT THING），二〇〇三年七月一日

是什麼使一張證券或發行證券的公司有價值？這包括很多要素，例如財務資源、經營管理、工廠、零售據點、專利、人力資源、品牌、成長潛力，以及最重要的，創造盈餘和現金流量的能力。事實上，大部分的分析方法都認為，財務資源、經營管理、工廠、零售據點、專利、人力資源、品牌、成長潛力等等特性之所以有價值，正是因為最後都能轉換成盈餘和現金流量。

(喬)爾・葛林布萊特
對價值的估計還包括估計盈餘或現金流量的未來成長性。

價值投資強調的是有形因素，像是有形資產和現金流量。人才、流行時尚和長期成長潛力等無形因素所占的比重則比較小。一些派別的價值投資只關注有形資產，甚至有一派採用「net-net 投資」（net-net investing），在公司市值低於流動資產（例如現金、應收帳款和存貨）扣除總負債的差額時買進股票。在這種情況下，理論上你可以買進所有股票，將流動資產變現，清償債務，最後剩下公司的業務和現金。現金入袋，成本回收，如果剩下的現金更多，你等於「免費得到」公司的所有權。

價值投資追求的是便宜，價值投資人通常會觀察盈餘、現金流量、股利、有形資產、企業價值等財務指標，並強調根據這些指標買進便宜的標的。因此，價值投資人的主要目標是算出公司目前的價值，然後在便宜的時候買進證券。

成長股投資介於單調乏味的價值投資與衝動刺激的順勢投資之間，其目標是找到未來有亮眼前景的公司。這表示，根據定義，成長股投資比較不強調公司目前的特質，比較強調未來的潛力。

✉ 這兩種主要的投資學派差異可以總結如下：

- **價值投資人**會買進股票，是因為相信目前的價值相對高於目前的價格，即使這些股票的實質價值在未來沒有什麼成長性。
- **成長股投資人**會買進股票，是因為相信未來價值會成長很快，足以使股價大幅上漲，即使這些股票目前的價值相對低於目前的價格。

因此，在我看來，真正來說並不是在價值和成長之間做出選擇，而是在今天的價值和明天的價值之間做出選擇。成長股投資賭的是公司業績未來會不會實現，而價值投資主要是分析一家公司目前的價值。㊢

〈快樂的中點〉（THE HAPPY MEDIUM），二〇〇四年七月二十一日

也許可以簡單的說，相信價值投資的投資人**不用**推測未來，而相信成長股投資的投資人**只要**推測未來，但這種說法未免有點誇大，畢竟確定企業目前的價值需要推測企業的未來，而這必須考量像是總體經濟環境、產業競爭情勢的發展和技術的進步。如果公司將資產浪費在虧錢事業或不明智的併購決策，即使是前景看好的 net-net 投資也會凶多吉少。

價值投資與成長股投資並沒有明確界線，都需要考慮未來。價值投資人考慮的是公司的成長潛力，而「合理價格成長股投資」（growth at a reasonable price）學派則明確表示重視價值，只是重視的程度不同。然而，我想可以公平的說，成長股投資關注未來，而價值投資強調當前情況，卻不可避免要考慮未來。

㊢喬爾・葛林布萊特
巴菲特最大的貢獻是將價值的概念超越「便宜」這個簡單的解釋。巴菲特尋找可以買到、價格有吸引力的「好」事業，將成長的概念融入價值的計算當中。

成長股投資熱潮

讓我們回頭看看漂亮五十這個成長股投資的極端例子，漂亮五十的投資熱潮可以用來

比較價值投資與成長股投資有多不同，而成長股投資的熱潮可以走得多遠。

一九六八年我在投資管理業找到第一份工作，在第一國家城市銀行（First National City Bank，也就是今天的花旗銀行）的投資研究部暑期工讀，銀行遵循所謂的「漂亮五十投資」（Nifty Fifty investing），目標是找出長期來看，盈餘成長前景最亮眼的公司。除了觀察成長率，銀行的投資經理人還強調投資標的的「品質」，意思是成長預期實現的可能性要很高。就公開的說法是，如果一家公司的成長速度夠快，品質夠好，那不管付多少錢買都沒關係。就算以今天的指標來看股價偏高，幾年後它的價值也會追上現在的股價。

就像現在一樣，那時的成長股投資組合有很大的投資比重放在醫藥、科技和消費性產品類股。銀行的投資組合包括IBM、全錄（Xerox）、柯達（Kodak）、拍立得（Polaroid）、默克藥廠（Merck）、禮來藥廠（Eli Lilly）、雅芳（Avon）、可口可樂（Coca-Cola）、菲利普莫里斯（Philip Morris）、惠普（Hewlett-Packard）、摩托羅拉（Motorola）、德州儀器（Texas Instruments）和珀金埃爾默（Perkin-Elmer）等美國最好的大企業，每個都有亮眼的成長前景。既然這些公司都不可能出問題，就該毫不猶豫砸錢買進它們的股票。

時間快轉幾十年後，你如何看待這些公司？有些公司，例如柯達和拍立得，因為沒有預見的科技改變，本業遭到侵蝕；其他公司，像是IBM和全錄，因為行動緩慢而成為新興競爭對手的獵物。總之，從我入行後四十二年來，在第一國家城市銀行名單上這些美國最好的公司經營狀況惡化，甚至倒閉。所謂的長期持續成長不過如此，準確預測的能力也不過

如此。㊔

與價值投資相比，成長股投資的重心是希望尋找大贏家。如果大贏家還沒出現，為什麼要忍受猜測未來所帶來的不確定？毫無疑問，預見未來比看清現在更困難，因此成長股投資人的平均打擊率應該比較低，但一旦成功就會有更高的報酬。如果能夠成功預測哪家公司會推出最好的新藥、最強大的電腦，或是最賣座的電影，那得到的報酬應該相當可觀。

總而言之，如果對企業成長的判斷正確，投資的上漲潛力會非常凌厲；如果對企業價值的判斷正確，那投資的上漲潛力會更有持續性。我選擇的方法是價值投資。在我的書中，持續上漲的考量比漲勢凌厲更重要。

正確估計價值，才有成功希望

如果價值投資有潛力能持續穩定產生理想結果，那是否表示實行起來很容易？並沒有喔。

首先，這取決於對價值有正確的估計。如果做不到這點，想要持續成功的希望就只是希望而已。沒有正確的估計，你可能會用太高的價格買進，而如果你付出的價格太高，就只有在價值出乎意料的增加、強勁的市場或出現眼光比你差的買家（也就是我們常說的「更笨的傻子」），你才能解套。

此外，如果你決定採用價值投資，而且已經算出證券或資產的實質價值，接下來的重

㊔克里斯多夫・戴維斯

有趣的是，如果在一九六八年買進並持有這個投資組合到現在，最終還是能擊敗大盤，只是要套牢數十年的時間，而且會擊敗大盤，全靠菲利普莫里斯這檔股票異常出眾的表現。儘管原則是正確的（過高的股價會侵蝕收益），這個例子仍然提醒我們股票與債券的不同之處。因為股票代表企業所有者的權益，本質上沒有存續期限。如果你對企業的判斷是正確的，那麼時間可以減緩過高股價帶來的成本。在一些罕見的案例中，例如菲利普莫里斯，在超過四十年的時間裡一直都呈現兩位數字的複利成長，這種成長的「奇蹟」有可能發生。據我所知，在固定收益投資標的中並沒有這樣的機會。

要事情就是抱牢投資標的。在投資界中，就算對某件事情看法正確，也不表示可以馬上印證。

對投資人來說，很難持續做出正確的事，而在正確的時間持續做出正確的事更是難上加難。我們價值投資人最多只敢希望看對一項資產的價值，在價格較低的時候買進。(賽)

但是今天這樣做並不意味可以讓你在明天賺錢。(喬)

對價值的堅定看法可以幫助你面對價格脫節的情況。

假設你算出某檔股票的價值是八十元，而你有機會用六十元的價格買進，這種以低於實質價值買進的機會可不是天天都有，你應該要歡迎這樣的機會。巴菲特描述這種機會是「用五角買進好幾元的東西」（Buying dollars for fifty cents）。所以你應該放手去買，而且要覺得這樣做很好。

但是不要預期馬上可以成功。事實上你常常會發現是在持續下跌的過程中買進，很快就會看見虧損，就像一句偉大的投資名言提醒我們：「超越時代與失敗是很難區分的。」所以現在價值八十元的證券，價格從六十元掉到五十元，你該怎麼做？(喬)(霍)

我們在個體經濟學的基礎課程上學到，需求曲線會向右下傾斜，隨著價格提高，需求量會減少。換句話說，在高價時，需求量比較少，低價時，需求量比較多。這很合理，這也就是為什麼商店在特價時的業績會比較好。

雖然很多地方都如此運作，但在投資界卻遠遠不是如此。在這裡，很多人會在價格上漲時更愛買進的投資標的，因為他們覺得這證實了他們做的決策；而在價格下跌時，他們會

(賽)斯・卡拉曼
理想的情況是能以相當低的價格買進。當折價愈大，安全邊際就愈大。如果折價太小，安全邊際有限，根本不能提供足夠的下檔保護。

(喬)爾・葛林布萊特
我總是告訴學生：「如果你對一檔股票的價值估計是準確的，我保證市場會贊同你的意見。」我從不告訴他們何時市場會告訴你，可能是在幾週或幾年後。葛拉漢說，即使短期來看，市場表現過於激情，但長期來看，市場就像個體重計。以我在美國股市的經驗，市場要恢復「正確」，通常兩三年就夠了。如果你每天都盯著報紙，那日子可就過得很辛苦了。

(喬)爾・葛林布萊特
除非你真的買在最低點（這幾乎是不可能的事），不然你的每個投資在某些時刻都會面臨虧損。

比較不喜歡買進的投資標的，因為他們開始懷疑當初的買進決定。

這讓投資人很難抱牢股票並在下跌時加碼（也就是投資人所謂的「向下攤平」），尤其是在跌勢確認會持續的情況下。如果你在六十元的時候喜歡這檔股票，那五十元的時候應該更喜歡，四十元、三十元更是如此。(賽)

但想要這樣做並不容易，沒有人能坦然面對虧損，最後任何人都會懷疑：「也許我不是對的，市場才是對的。」最危險的時候就是當他們開始揣想：「已經跌太多了，我最好在股票變成壁紙前趕快脫手。」這就是導致股票破底的思維……而且會引發瘋狂賣壓。

✉投資人如果不懂（或不關心）企業的獲利、股利、價值或經營業務，那就根本缺乏必要的決心在對的時間點做對的事。當身邊的人都在買進和賺錢時，他們不知道股價已經太高，應該拒絕加入。在市場溜滑梯的時候，他們無法懷抱必要的信心繼續抱牢股票，或是在價格重挫時買進。

〈非理性繁榮〉（IRRATIONAL EXUBERANCE），二〇〇〇年五月一日

就算對估價有正確的看法，如果沒有抱牢股票，用處也不大。而如果對估價的看法不正確，還用力抱牢股票，情況會更糟。這句話就顯示要做正確的事有多難。

霍華・馬克斯

為了提供有價值的評註，我試圖集中強調貫穿本書的四個重要主題，你會在很多地方一再看到。第一個是投資人大都對「害怕看錯」沒有足夠認識。就像每個在挑戰環境下運用技巧的參與者一樣，卓越投資人擊敗大盤的機率遠低於一〇〇%，而且還會出現錯誤和暴跌。正確的判斷未必能立刻獲得證實，因此，即使是最好的投資人也會經常犯錯。如果你對此無法釋懷，還是轉行吧。

賽斯・卡拉曼

在某些情況下，價值的判斷可能很迂迴。假設有個以折價交易的封閉式基金，如果投資標的的價格下跌五〇%，而基金也下跌同樣的幅度，那從表面上來看，折價買進基金比較好。因此，適當的分析包括對投資標的的股權分析，才能確定對股票的估價是過高還是過低。

就算市場否定，也要勇於堅持

給大多數的投資人，包括大部分的業餘投資人服下會說真話的藥丸，然後問他們這個問題：「你的投資方法是什麼？」答案一定是：「尋找會上漲的東西。」但是對獲利的追求應該根據更有形的事物。在我看來，最好的選擇就是從基本面反映出的實質價值，想要採取穩定、不帶感情並擁有潛在獲利的投資，正確估計實質價值是根本基礎。

價值投資人如果能買進低估的資產，不斷向下攤平，那當分析正確的時候就能獲得最大收益。因此，在下跌市場中，獲利有兩個基本要素：你必須對實質價值有自己的看法，而且必須堅定不移，即使價格下跌暗示你是錯的，也要勇於買進。喔，對了，還有第三個要素，那就是你的看法必須是正確的。

第4章

找出價格與價值的關係

成功投資不是因為「買到好東西」，而是因為「東西買得好」。

假如你已經相信價值投資的功效，而且能估計一檔股票或其他資產的實質價值，也估計得十分正確，但事情還沒完喔。為了知道該採取什麼行動，你必須研究資產價值的相對價格。成功投資的核心要在基本面（也就是價值）與價格之間建立健全的關係。

✉價值投資人必須把價格當成是一個起點，歷史一再證明，無論一個資產有多好，只要用太高的價格買進都會變成不好的投資，卻很少有資產差到在夠低的價格買進時不是個好投資。㊋

當有人堅定的說「我只要買A」或「A是最好的資產類型」時，聽起來像是說「不管價格多少，我都要買A……不管B、C、D價格是多少，我都要先買

㊋克里斯多夫・戴維斯
然而，投資人要小心技術落後的風險，這會讓低價股掉入價值陷阱。

A」。這必然是錯的。沒有一種資產或投資天生就有高報酬，只有在價格對的時候才有吸引力。

如果我想把車賣給你，你在回答好或不好之前一定會先問價格。沒有考慮價格是否合理就決定投資是愚蠢的行為。就像一九九〇年代末買進科技股那樣，沒有考慮就買進某項資產，或是像一九七〇年代和一九八〇年代早期不買垃圾股那樣，完全不考慮持有某項資產，就是在做這樣的事。

總之，不問價格就無法判斷是好投資還是壞投資。㊢

〈最重要的事〉，二〇〇三年七月一日

買得好，就等於成功賣出一半

如果以公平價值（fair value）*買進一個東西，在一定的風險下，你會預期可以獲得公平的報酬率，這是效率市場假說的基本前提，聽起來很有道理。但是主動型的投資人不只要風險調整過的公平報酬，更要豐厚的報酬（如果你覺得有公平報酬就很滿意了，為什麼不去投資被動的指數型基金就好？那可以省下許多麻煩）。所以用實質價值買進一樣東西沒什麼了不起。以超過價值的價格買進顯然是錯的，而以太高的價格買進某個東西，要使盡洪荒之力或是天賜好運，才能轉換為成功的投資。

還記得前一章描述的漂亮五十投資嗎？在股價最高點時，這些大公司的本益比（price/

㊢喬爾・葛林布萊特 在做每項投資決策時，這是散戶必須思考的「最重要」一點。如果沒有考慮價格，就算這個投資聽起來有多好，你都不會知道這是不是個好投資。

* 公平價值是對一個產品、服務或資產合理而沒有偏差的潛在市價估計。

earning ratio，股價相對於每股盈餘的倍數）誇張的升到八十到九十倍，相較之下，第二次世界大戰之後的股票平均本益比只有十五倍。追捧這些股票的人似乎不擔心價值已經高估。

然而接下來幾年情況全變了。在一九七〇年代早期，股市冷卻，石油禁運和高漲的通貨膨脹等外在因素使人看不清前景，漂亮五十股票應聲崩跌，幾年內，這些股票的本益比從八、九十倍掉到八、九倍，這意味著相中美國最好公司的投資人損失了九〇%的金錢，這些人也許買到最大的公司，但卻是在錯誤的價格買進。

在橡樹資本我們會說：「買得好，就等於成功賣出一半。」意思是說，我們不在乎得花多少時間去思考要以哪個價格、什麼時間或是透過哪種途徑賣出股票，如果你買得夠便宜，最後這些問題自然會有解答。(喬)

如果估計的實質價值是正確的，一段時間後，資產價格應該會向實質價值靠近。(喬)

✉公司的價值有多少？最後要問的就是這個問題。光憑好的業務而買進股票是不夠的，你必須在合理的價格（或希望是便宜的價格）買進。

〈網路泡沫公司〉（BUBBLE.COM），二〇〇〇年一月三日

(喬)爾・葛林布萊特

很多價值投資人並不擅長判斷什麼時候要賣出，而且有太多人賣得太早。然而，知道何時買進可以消除很多賣得太早的問題。

(喬)爾・葛林布萊特

記住這句話，當市場短期出現波動時，最重要的一件事是記得，市場最終會回到正確的位置。

心理面與技術面也會影響價格

這一切都指向一個問題：價格是怎麼決定出來的？為了確保價格是正確的，潛在買家應該考量什麼？當然基本面是必備的，但在大多數時候，至少還會受到兩個因素影響：心理面與技術面，這也是短期價格波動的主要因素。

大部分投資人（當然也包括大部分非專業投資人）對技術面了解不多。這些非基本面因素與價值無關，卻會影響證券的供給與需求。這裡舉兩個例子：一個例子是在市場崩盤時，以融資買進股票的投資人，會收到追繳保證金通知而被迫強制賣出股票；一個是當資金流入共同基金時，基金經理人就需要買進股票。在這兩個例子中，投資人不管價格多少都得被迫買賣證券。

相信我，最好在股票崩盤時接手那些不管價格多少都要被迫賣出的股票，沒有什麼比這更好的事了，我們最好的交易中，有不少都是因為這個理由。不過，我們還有兩個觀察：

- 你無法依靠著只是從強制賣家手中買進股票，或是把股票賣給強制買家為生，他們不會總是出現在市場上，只在極端的危機和泡沫的罕見時刻才會現身。
- 在我們的世界中，從強制賣家買進股票是最好的事，那麼最糟的事就是**淪為**強制賣家。這意思是指安排好你的財務很重要，你要確保在最艱困的時刻都能持有股票，不用被迫賣出。這既需要長期資金，也要有強大的心理素質。㊢

喬爾・葛林布萊特
對散戶來說，這意味著如果你在一個市場或特定的投資標的投資太多，又不能忍受下跌過程所帶來的痛苦，那你就是作繭自縛，讓自己淪為馬克斯在這裡提到的強制賣家。

這引導我們討論第二個對價格產生強大影響的因素：心理面。心理面的重要性再怎麼強調都不為過。事實上，因為它很重要，所以接下來會有幾章討論投資人的心理因素，以及這些現象出現時該如何處理。

確定價值的關鍵在於要有熟練的財務分析技巧，而了解價格與價值的關係，以及這個關係的前景，主要依賴於對其他投資人的洞察。短期來看，不管基本面如何，投資人的心理因素有可能讓證券出現任何價格。(喬)

✉最重要的學科不是會計學或經濟學，而是心理學。

關鍵在於，現在誰喜歡這項投資，而誰又不喜歡。未來的價格變化取決於它會受到更多還是更少人喜歡。

投資是一種人氣競賽，而最危險的事就是在投資人氣最高的時候買進。在那個時刻，一切利多因素與觀點都已經反映在價格上，而且也沒有新的買家會出現。(霍)

最安全而且獲利潛力最大的投資，就是在沒有人喜歡的時候買進，等到投資標的受歡迎之後，它的價格只有一條路可去，那就是「上漲」。

〈找出投資機會的隨想〉（RANDOM THOUGHTS ON THE IDENTIFICATION OF INVESTMENT OPPORTUNITIES），一九九四年一月二十四日

(喬)爾．葛林布萊特

還是那句話，就像巴菲特會說，最好的投資課只要把兩件事教好：如何估計投資標的的價值，以及如何看待市場價格的走勢。關鍵在了解價格會在短期嚴重偏離價值。最困難的部分是了解心理面，這樣才能在價格出現偏離時從中獲利。

(霍)華．馬克斯

第二個主題不是「最重要的事」，而是「最危險的事」，這本書只著重在風險考量，描述很多讓投資陷入險境的事。透過這些評註將危險集結起來，應該可以幫助你辨認出這些風險，避免掉入困境。一九六九年的漂亮五十股票、一九九九年的網路股、或是二〇〇六年的次級貸款，這些大輸家都有個共同點，就是找不到缺點。很多描述當時情況的用語是「價格完美」、「不會有問題」、「有人氣支撐」。然而，沒有什麼是完美的，事實證明處處都有缺

顯然，這是一個極其重要、而且難以精通的領域。保

首先，心理因素難以捉摸，而且第二，影響其他投資人的心態和行為的心理因素，一樣也會影響你。就像後面幾章會提到，這些力量往往導致一般人的行為與卓越投資人必須做出的行為恰恰相反。因此，為了保護自己，你必須花費時間和精力去了解市場心理。霍

在買進證券的那天開始就必須了解，基本面價值只是決定證券價格的一個因素，你還要試著運用心理面和技術面的技巧。

泡沫都從幾分真實開始

與認真謹慎的價值投資截然不同的是盲目追求泡沫，完全忽略價格與價值的關係。

所有泡沫都從幾分真實開始：

- （在十七世紀的荷蘭）鬱金香美麗而罕見。
- 網路正在改變世界。
- 房地產可以抵抗通貨膨脹，而且房子總是能拿來住。

少數聰明的投資人發現（或者甚至預見）這些事實，所以鎖定這些資產，開始從中獲利。接著其他人也理解了這個概念，或只是看到有人賺錢，就跟著買進，進而推升資產價

點。當你因為價格完美而買進時，並沒有得到預期的結果，而且當情況明朗之後，高價買進讓你暴露在虧損的風險中，這真的是最危險的事。

保羅・喬森
這個結論對學生特別重要，因為他們的經驗有限。

霍華・馬克斯
「投資的人性面」是很重要的面向。如果你像其他人一樣，會因為心理因素影響而做出反應，那麼財務分析並不能保證會有優異的表現，因此，這是讓卓越投資人得以持續卓越的領域。所以，我的第三個主題是「控制情緒與自負」。要做到這點相當困難，因為在投資環境中，每件事都會讓投資人在錯誤的時間做出錯誤的事。我們都是一般人，所以即便我們都處於相同的條件下，想要表現得比其他投資人更好，就成了挑戰。

格。隨著價格進一步上漲，投資人可能因為輕鬆賺錢而變得更興奮，於是愈來愈少考量價格是否公平。這是我前面描述過的現象極端版：某件物品價格上漲時，大家應該變得比較不喜歡，但在投資界中，他們往往會變得更喜歡。㊂

例如在二〇〇四至二〇〇六年，對於房屋和公寓，大家想到的都是好事，像是能夠實現在美國置產的夢想、能從對抗通貨膨脹中獲益、房貸很便宜還免稅，因此大家最後都接受「房屋價格只會上漲」的公認智慧，我們都知道這只有幾分真實的智慧帶來了什麼結果。

另一個惡名昭彰「不會賠錢」的概念是什麼呢？在科技泡沫期間，買家根本不擔心股價太高，因為他們確信有人會願意花更多的錢接手他們的股票。不幸的是，更笨的傻子並沒有進場，價值最終會發生作用，當跳舞的音樂結束，還持有股票的人都得承擔後果。

- 就算股票的利多是真的，如果買進的價格太高，還是會造成虧損。
- 利多因素，加上其他人似乎都得到巨大的獲利，可能會讓起初抗拒參與的人棄械投降，跟著買進。
- 當場外最後一個買家堅持不住進場時，股票、類股或市場就會形成「頭部」（top），形成頭部的時間往往與基本面的發展無關。
- 「價格過高」絕不等於「下一波走勢向下」，股票價格可能會過高，而且持續很長一段時間……甚至會漲得更高。

㊂**喬爾・葛林布萊特**

這很不可思議，但常常是真的。大家被近期表現不錯的投資標的吸引，也被近期績效不錯的專業經理人吸引，儘管這些經理人近期的績效與未來的績效通常沒有太大關係。

• 無論如何，價值最終會發揮作用。㊧㊨

〈網路泡沫公司〉，二〇〇〇年一月三日

㊧爾・葛林布萊特
最後一點再讀一次！

㊨羅・喬森
這些要點非常正確，但是在陷入衝動熱潮或泡沫的時候，想要掌握這些要點是一大挑戰。

問題是，在泡沫時期，「有吸引力」變成「在任何價格都有吸引力」。大家常說：「這不便宜，但我認為因為市場資金太多（或其他理由），股價會繼續上漲。」換言之，他們是在說：「價格已經充分反映，但我想還會更高。」在這樣的分析基礎上買進或持有是非常危險的事，但這些才會形成泡沫。

在泡沫時期，投資人對市場動能的癡迷會蓋過價值和公平價格的任何概念，貪婪（加上在旁邊看著其他人輕鬆賺錢的內心痛苦）會消去原本該有的小心謹慎。

總之，我相信最可靠的投資方法應該根據穩固的價值為基礎，相較之下，依靠價值以外的東西獲利，例如泡沫，可能是最不可靠的方法。

以低於價值的價格買進最可靠

想想可能獲利的一些方法：

• **從資產的真實價值成長中獲利**。這個方法的問題是很難準確預期價值的增加。此外，上漲潛力的共識通常已經反映在資產的價格上，意思是說，除非你的意見比別人好，而且與眾不同，否則你已經付出價值上漲後的價格了。

在某些投資領域，特別是私募股權（private equity，買進公司投資）或房地產，「擁有控制權的投資人」（control investor）能透過對資產的積極管理提高資產價值。這樣做很值得，但這很耗時，又不確定，而且需要大量的專業知識。另外，增加資產價值也可能很困難，例如已經經營得很好的公司。

- **利用槓桿**。這裡的問題是，使用槓桿，也就是融資買進投資標的，並不會讓任何東西變成更好的投資，或是增加獲利的機率。它只是把可能發生的獲利和虧損加大。而且，如果投資組合低於融資維持率，在價格下跌、沒有流動性時，資金可能會被收回，有斷頭的風險。多年來，槓桿與高收益相關，但也與眾所矚目的暴跌和崩盤有所牽連。(保)
- **以超過資產價值的價格賣出**。每個人都希望有個買家願意用高價買進他們想賣出的投資標的。你當然不能依賴這樣的買家會如期望般出現。不像低估的資產漲到公平價值的情況，從某個方面來看，期待公平的價格或價格過高的資產上漲，需要買家出現不理性的行為，這絕對不是可靠的作法。
- **以低於價值的價格買進**。就我看來，這是最可靠的獲利方法，也才是投資的正途。以低於實質價值的價格買進，接著等待資產價格朝價值接近，這不需要什麼機緣湊巧，只需要市場上的投資人清醒回到現實就好。當市場運作正常，價值就會發揮吸引力，讓價格朝它靠攏。(喬)(保)

(保)羅・喬森
這是第四章最重要的內容，年輕投資人就算採用槓桿操作都未必學得會。

(喬)爾・葛林布萊特
最終，市場會正常運作，回到「正軌」。再讀一次馬克斯的話，這裡的描述非常有用。

(保)羅・喬森
在這裡，馬克斯清晰描述價值投資背後的簡單美妙。以正確的價格買進是價值投資裡比較困難的部分，一旦能正確做到這點，就不用考慮時間和其他市場參與者的反應。

在所有可能的投資獲利途徑中，低價買進是最可靠的方法。然而即使是這樣，也不保證一定能獲利。你可能錯估現在的價值，或是出現一些事件降低價值，或是投資人的態度或市場惡化，導致投資標的以低於價值的更低價格賣出，或是價格與實質價值趨於一致的時間比你持有的時間還長。就像凱因斯（John Maynard Keynes）強調：「市場處於不理性的時間，可能比你撐住不破產的時間長。」㊣

試著以低於價值的價格買進並不是絕對有效，但這是最好的獲利機會。

霍華・馬克斯

投資人都害怕看錯：對新手投資人來說，就算有正確的判斷，等待市場證實的時間若是太長也是不小的打擊。對實質價值抱持堅定的看法有個重要作用，就是幫助你堅持下去，直到市場認同你的判斷，讓資產回到該有的價格。

—第5章—

理解風險

風險意味著可能發生的事，比即將發生的事還多。

倫敦商學院教授艾爾洛伊・丁姆森（Elory Dimson）

投資只有一件事，那就是應對未來。因為沒有人能夠確定知道未來，所以免不了會有風險。因此，處理風險是投資必要的一個因素，我認為這個因素必不可少。找到會持續上漲的投資並不難，如果你找到的夠多，就已經走在正確的投資方向。但是如果你沒有正確地處理風險，投資不可能會長久成功。因此，第一步是理解風險，第二步是確認風險有多高，最後的關鍵步驟則是控制風險。因為這個議題實在是很複雜，又很重要，所以我會用三章的篇幅來深入探討風險這個議題。㊣保

保羅・喬森

在我讀過的投資書籍中，馬克斯在第五至七章對風險的討論可以說是最全面完整的，此外，他對風險的說明也是我見過的討論和書籍中最清楚的。對我來說，這三章是這本書最菁華的部分。

風險與報酬的關係

為什麼我會說，在投資的流程中，風險評估是必要的因素呢？有三個強而有力的理由：

第一，風險是不好的事，而且大部分頭腦清醒的人都想避開風險，或是讓風險降到最小。金融理論有個基本假設：一般人天生會規避風險，這意味著他們寧願承擔低風險，而不是高風險。因此投資人在考量某項投資時，首先必須判斷風險有多大，以及能夠忍受風險的絕對數量。

第二，在考量投資標的時，應該將風險與潛在獲利的關係考慮在內。因為投資人討厭風險，所以必須有更高的預期報酬引誘，才願意承擔新增加的風險。簡單的說，如果美國國庫券和小型公司的股票每年獲利有七％，每個人都會趕快去搶購國庫券（進而推升價格，減少預期報酬），拋售小型公司股票（進而拉低價格，增加報酬）。這種相對價格的調整過程，經濟學家稱為**均衡調整**（equilibration），目的是提供與風險相符的預期報酬。

因此，除了確定能否忍受投資帶來的風險絕對數量，投資人的第二個工作是確定某項投資的報酬是否符合承受的風險。很顯然的是，獲利只說了一半的故事，另一半的故事還需要風險評估來補齊。

第三，在考慮投資結果時，報酬就只是報酬，還必須評估要承擔多少風險。這些報酬是投資在安全的資產，還是高風險的資產？是投資在固定收益證券，還是股票？是投資在大型的成熟企業，還是小型不穩定的企業？是投資在交易量大的股票和債券，還是投資在交易量不大的私募股權？有採用槓桿交易，還是沒有？是集中在某幾個投資標的，還是分散的投資組合？

當然，拿到對帳單的投資人發現投資帳戶一年賺一〇%的時候，並不知道他們的投資經理人做得好還是不好，為了做出判斷，他們必須對投資經理人承擔多少風險有些了解。換句話說，他們必須對「風險調整後的報酬」（risk-adjusted return）有所感覺。㊀喬

喬爾・葛林布萊特　然而，很多散戶和法人會根據這個數字當作判斷基礎，可惜這個數字解釋價值與預測價值的效力並不高。

在投資界中，風險與報酬的關係有個廣泛使用的圖示（見圖5-1），它是一條往右上方傾斜的「資本市場線」（capital market line），顯示風險與報酬的正向關係。市場會設定讓較高風險的資產提供較高的報酬，如果不是這樣，誰會想要買呢？

風險愈高，報酬不確定性愈大

大家熟悉的風險與報酬關係圖優雅而簡潔，但不幸的是，許多人從中得出錯誤的結論，反而身處險境。

✉ 尤其在多頭行情時，常會聽到很多人說：「高風險的投資會帶來更高的收益。如果你想要賺更多的錢，那就去承擔更高的風險。」事實上不可能靠著高風險投資帶來高收益，為什麼呢？答案很簡單，如果高風險投資可以可靠的創造高收益，

圖 5-1　風險與報酬的關係

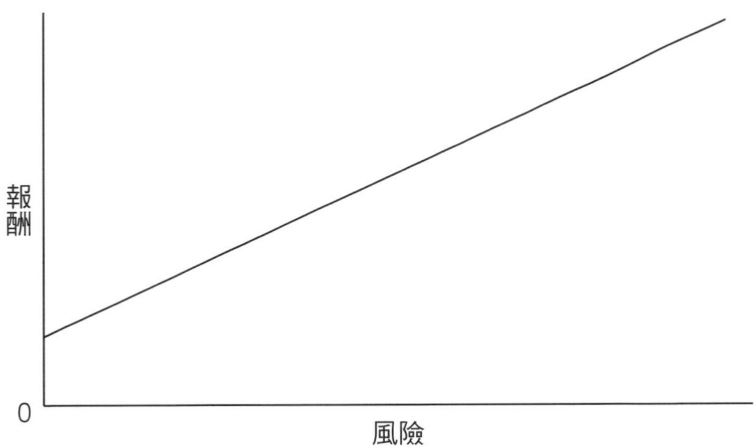

圖 5-2　風險與報酬分布的關係

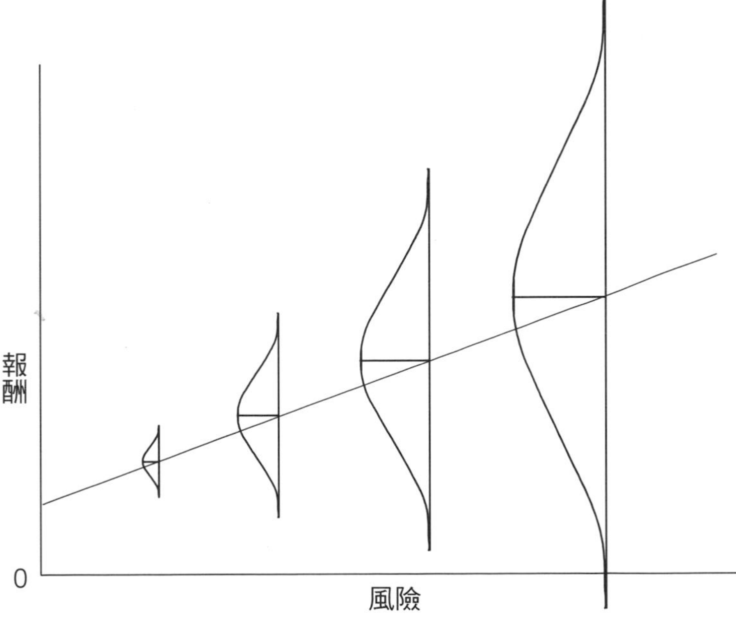

那他們的風險就不高！

正確的說法應該是，為了吸引資金，高風險的投資必須提供更高的潛在報酬、更高的保證報酬，或是更高的預期報酬，但絕不表示更高的潛在報酬一定會實現。因此，我把資本市場線概念化，可以更容易將背後涉及到的所有關係聯繫起來（見圖5-2）。(喬霍)

高風險投資會導致更不確定的結果，也就是說，報酬的機率分布更廣。當價格公平時，高風險投資應該要包括：

- 更高的預期報酬，
- 有可能出現較低的報酬，以及
- 在某些情況下，可能會出現虧損。

傳統的風險與報酬關係圖（見圖5-1）會產生誤導，因為只呈現風險與報酬的正向關係，卻沒有呈現其中內含的不確定性。由於關係圖清楚暗示承擔更多風險會賺更多錢，結果讓很多人因此陷入極大的痛苦。

我希望我提供的圖可以很有幫助。(保)

這個圖指出風險與預期報酬間的正向關係，**也**提到報酬的不確定性，以及隨著風

喬爾・葛林布萊特

這個圖可以幫助你一眼就了解風險與報酬的關係，考慮未來報酬的機率分布也可以幫助你記得，在現實中，可能報酬的分布並不是常態分布。

霍華・馬克斯

投資要我們應對未來，如果未來都清楚知道，那投資就完全沒有挑戰性（或是說，沒有更多獲利可期）。正因為未來並不清楚，所以我的最後一個主題圍繞著「了解不確定性」的重要性。上圖描述「高風險」投資的本質，這並不是抽象的概念，高風險的投資包含對投資結果有著更大的不確定性，也與虧損機率的增加有關。

保羅・喬森

對於風險與報酬關係，馬克斯提供重要而且清楚的討論，特別是圖5-1與5-2的比較。圖5-2還有額外的觀察，提供比常見的圖5-1更清楚和適當的方法來展現風險與投資的關係。

險增加，虧損的機率也會因此增加。㊋㊍

〈風險〉（RISK），二〇〇六年一月十九日

㊋羅·喬森
說得真好！馬克斯拋棄「風險等於波動性」的看法，受到專家與實務人士的推崇，同時，馬克斯也對風險下了一個深刻的定義。

風險的類型

接下來的任務是要定義風險（risk），風險到底包含哪些因素？我們可以從危險（danger）、冒險（hazard）、危難（jeopardy）、極大的危害（peril）這幾個意思相似的詞來了解，它們聽起來似乎都可以稱作風險，而且相當不受歡迎。

可是金融理論（提出如圖5-1顯示的風險與報酬關係圖與風險調整的概念）卻將風險明確定義為「波動性」（或是稱為「變異程度」、「偏差」），這些都沒有傳達出「極大的危害」這個必要概念。

㊍爾·葛林布萊特
把資金永久虧損的風險當成潛在回報是投資理論最重要的一項概念，然而馬克斯強調，很多理論認為風險只是衡量報酬的相對波動，這樣的觀點並不正確，並未反映大多數投資人對風險的認知。

✉發展資本市場理論的學者表示，風險等於波動性，因為波動性指出一項投資標的的不可靠，我對這個風險的定義不以為然。

我認為，不管有意還是無意，學者是出於方便才把波動性當成風險的替代品，他們需要一個客觀、有明確歷史資料，而且能用來推斷未來的數據以資計算，波動性符合這些要求，而其他大多數的風險類型則沒有。然而一切的問題就在於，我並不認為大多數投資人關心波動性這種風險。

風險有很多種……但是波動性可能是與風險最沒有關係的一種。理論上說，投資人期望從波動性大的投資中得到更高的報酬，但是，如果波動大的投資會產生更高的報酬，那市場在決定價格時，一定會有人對這種關係有需求，而我從沒碰過這樣的人。在橡樹資本或其他地方，我從沒聽過有人說：「我不要買它，因為它的價格波動可能很大。」或是說：「我不要買它，因為它這一季可能會下跌。」因此很難讓我相信，波動性是投資人在設定價格和預期報酬時會考慮的風險。與其說波動性，我認為投資人不願意投資的主要原因是擔心資金虧損，或是報酬低到無法接受，對我來說，「我需要更多具有上漲潛力的投資標的，因為我害怕虧錢」，比起「我需要更多具有上漲潛力的投資標的，因為我害怕價格波動」的說法，更為合理。沒錯，我確信，最重要的「風險」就是虧錢的可能性。

〈風險〉，二〇〇六年一月十九日

對於我、橡樹資本，以及每個我認識的投資人來說，擔心的風險都是長期虧損的可能性。㊣

但還是有其他種類的風險存在，而且你應該要意識到這些風險，因為它們能夠影響你或其他人，而這會讓你有利可圖。

㊣**保羅・喬森**
我可以更篤定的說，長期虧損的風險是唯一要擔心的風險。

✉投資風險有很多種形式，很多風險對某些投資人很重要，但對其他人並不重要。

而且可能會讓某些投資人覺得某個特定的投資標的很安全，但卻讓其他人承受風險。例如：

- **不符合報酬目標的風險**：投資人有不同的需求，而且對每個投資人來說，需求沒有滿足就是風險。退休的高階主管每年可能只要四%的報酬來付帳單，得到六%的報酬就像是一筆意外之財。但是對一個平均每年必須要有八%報酬的退休基金來說，長期得到六%的報酬就是很嚴重的風險。顯然這種風險既個人又主觀，並不是絕對而客觀。一項特定的投資對某些人來說也許有風險，但對其他人來說可能沒有風險。因此，這並不是「市場」要求需要以更高預期報酬給予補償的風險。
- **績效不佳的風險**：假設投資經理人知道，不論客戶帳戶的績效有多好，未來也不會有更多資金進來，但如果帳戶表現比不上某些指數，就會失去這個客戶，這就是「基準報酬風險」(benchmark risk)。投資經理人要消除這種風險，可以藉著投資指數成分股，模仿指數的方式來達成。但不想在績效表現認輸，而且選股偏離指數成分股的投資人，一定有段時間績效不佳。事實上，許多最優秀的投資人會強力堅持自己的投資方法，因為沒有一種投資方法每次都有效，所以最優秀的投資人也有可能在某段期間績效不佳。特別是在市場狂熱時期，嚴守紀律的投資人並不會跟進冒更大的風險。看看巴菲特和朱利安．羅伯森（Julian Robertson）

一九九九年的表現就知道，在那年，績效不佳是一種勇氣的表現，因為這代表拒絕投資科技泡沫股。㊋

- **生涯風險：**這是績效不佳風險的一種極端形式。管理資金和擁有資金的人不同，就會產生這種風險。在這種情況下，經理人（或代理人）並不在乎獲利，因為無法抽成，但他們害怕虧損會導致他們失去工作。言外之意很明顯，會危害報酬、使代理人失去工作的風險並不值得承受。
- **不按慣例的風險：**就像上面說的，與眾不同其實有風險。相較於因為不按慣例投資而失敗被解雇，資金管理人交出平均成績可能更為輕鬆，不論平均績效的絕對數字是多少……因為擔憂這樣的風險，許多人跟優異的績效擦肩而過，但這也為其他敢於與眾不同的人創造不按慣例的投資機會。
- **低流動性的風險：**如果投資人三個月後需要一筆錢來支付手術費用，或是一年後要買間房子，他們可能就不適合這類屆時沒有把握能換成現金的投資。因此，對這樣的投資人來說，風險不僅僅是虧損或是波動性，或是上面提到的任何風險，而是在需要的時候無法以合理的價格將投資換成現金，這也是一種個人的風險。

〈風險〉，二〇〇六年一月十九日

㊋**喬爾・葛林布萊特**

根據戴維斯顧問公司（Davis Advisors）的資料，二〇〇〇年到二〇一〇年間，績效表現名列前茅的投資經理人中，有七九%至少有三年的績效表現排名在後四分之一。大多數基金的投資人會追逐熱門基金，而不會支持短期績效不佳的經理人。

產生虧損風險的原因

現在我要花點時間來探討產生虧損風險的原因。

首先，基本面不好未必會導致虧損風險，基本面不好的資產，例如業績不好的公司股票、投機級債券（speculative-grade bond）或地段不好的房地產，如果買進的價格夠低，還有可能是非常成功的投資。

第二，即使總體環境還沒走弱，也可能出現風險。自負、不了解或沒有考慮到的風險，或是有一點小小不利的發展因素，就有可能造成天下大亂。只要沒有花時間和心力去了解投資組合形成的過程，都有可能碰到這種事。

這大部分可以歸咎於心理面過於樂觀，因而導致價格太高。投資人很容易將動人題材和活潑走勢與潛在高報酬聯想在一起，他們還希望在近期表現不錯的股票上得到高報酬，這些熱門的投資標的或許可以暫時滿足期望，但是當然也有高風險。當眾人的激情將價格拱到我號稱的「人氣寶座」（pedestal of popularity）之後，它可能會繼續提供高報酬，但也可能帶來低報酬或虧損。㊟霍

理論提到，高報酬與高風險相關，因為報酬之所以會產生，就是為了補償承擔的風險。但務實的價值投資人感受剛好相反，他們相信只要以低於價值的價格買進，高報酬與低風險可以同時達成。同樣的，付出的價格過高意味著會有低報酬與高風險。

交易清淡、受到忽視、備受冷落、遭到打壓的證券往往因為業績不好而價格便宜，但

霍華・馬克斯

了解最危險的事：最危險的投資狀態通常來自過於樂觀的心態。因為這個理由，只要下調投資人的預期就會產生虧損，不一定要基本面轉壞。所以，太高的價格常常會因為自己撐不住而崩垮。

也正因為這樣，常常成為價值投資人喜愛的高報酬證券。這些證券雖然在多頭市場的報酬很少名列前茅，不過平均表現通常很好，比「熱門股」的報酬更為穩定。而且在市場走空時，會展現出波動小、基本面風險低，以及虧損較少的特性。在大多數情況下，這類其貌不揚的低價股，最大的風險是在多頭市場時，漲勢落後大盤，但有風險意識的價值投資人還願意承擔。

衡量風險的指標

我相信我們都同意在面對高風險的投資標的時，投資人應該而且必須要求較高的預期報酬。我們應該也會同意，投資人要求預期報酬和設定投資標的價格時，最關心的風險就是虧損。那現在只剩下一個重要的問題：**我們如何衡量這樣的風險**？

第一，這顯然是見仁見智的看法，一個受過訓練、技巧高超的投資人應該可以估計未來，但仍只是個估計而已。

第二，量化的標準並不存在，對於某個投資標的，有些人認為風險很高，其他人則認為風險很低；有些人會把風險描述成沒有賺到錢的機率，有些人則會認為是虧損一定比例資金的可能性等等；有些人認為這是持有一年的虧損風險，有些人則認為是持有整個期間的虧損風險。顯然，即使將所有投資人聚集在一個房間裡，攤開大家的意見，他們也不可能同意拿某個數字代表投資風險，而且就算真能找到一個數字，這個數字也不可能拿來跟另一組投資人對另一個投資標的所衡量的風險數字相比。這就是為什麼我會說，風險和風險相對於報酬的數字並不能以「機器化決定」（machinable），或是交給電腦去處理的一個原因。

六十多年前，班傑明・葛拉漢和大衛・陶德在《證券分析》這本價值投資人聖經的第二版說：「不同投資標的與發生虧損風險的關係完全無法確定，還會隨著情況轉變而大幅更動，因此無法用合理的數學算式來表現。」

第三，風險會騙人，傳統的因素很容易納入考量，像是反覆發生的事件再次發生的可能性，但是反常、一生罕見的事件很難被量化。當投資標的很容易受到我稱之為**罕見災難**（improbable disaster）的特定嚴重事件影響，便意味著實際風險可能比看起來還要危險。

重點在於，從過去的研究來看，多數風險都很主觀、隱祕，而且不可量化。

那我們該怎麼辦？如果虧損的風險不能估計、無法量化或甚至觀察不到，而且還要主觀決定，那要怎麼應對？技巧高超的投資人對於特定情況的風險有一定的判斷，他們主要根據「價值的穩定性與可靠性」，以及「價格與價值的關係」來判斷。其他事情也會納入考量，但是大都可以歸因於這兩個考量之下。

近期有很多人努力讓風險評估變得更為科學，金融機構定期在資產管理團隊外雇用「風險經理」（risk manager），而且採用如風險值（value at risk）的電腦模型來衡量投資組合的風險。但這些人與這些工具所得到的成果，並不比他們用原先輸入的原始數據分析判斷還好。就我來看，他們永遠比不上最好投資人的主觀判斷。

將虧損的機率量化是如此困難，因此對想要客觀衡量風險調整後報酬的投資人來說，只能求助於所謂的夏普比率（Sharpe ratio），這是投資組合的超額報酬相對於報酬標準差的比率。這裡的超額報酬指的是比「無風險利率」（riskless rate）或短期國庫券還高的報酬。這種計算方法對交易或定價頻繁的公開市場證券似乎頗為適用，是目前最好的方法。雖然沒有明白顯示出虧損的機率，但是有理由相信基本面風險較高的證券，價格的波動會比安全的證券大，因此，夏普比率與虧損風險有些關係。㊢

至於缺乏市場價格的私人資產，像是房地產或一家公司，並沒有主觀風險調整的替代指標。

虧損的機率無法衡量

幾年前，在考量事前衡量風險的困難時，發現因為投資風險有著隱祕、不可衡量，而且主觀的特性，所以定義為「虧損機率」的投資風險既不能事前衡量，也無法事後衡量。

如果你的投資結果與預期相同，這是否意味著這項投資沒有風險呢？也許你用一百元買某個東西，一年後用兩百元賣出，這項投資有風險嗎？誰知道呢？或許你早已暴露於龐大的潛在不確定中，只是沒出狀況而已。如果真是這樣，實際風險其實很高；如果投資產生虧損，這是否意味著有投資風險呢？或是在你分析和買進的時候，就意識到這是風險投資？

如果你仔細想想，那這個問題的回答就很簡單：某件事情最後發生了，並不意味著它一定會發生，某件事情最後沒發生，也不意味著一定不會發生，而這裡的例子就是虧損。

㊢喬爾・葛林布萊特
另一個類似指標是索丁諾比率（Sortino ratio），它比較適用於下跌的波動，而不適用於包含上漲和下跌雙向都有的波動。不過，這兩種指標都是衡量未來虧損風險的好依據。

我認為，納西姆．尼可拉斯．塔雷伯的《隨機騙局》是這個領域的權威之作，他在書中討論可能發生卻沒有發生的「另類歷史」（alternative history）。第十六章還會提到更多這本書的重要內容，但我現在有興趣討論的是另類歷史與風險的關係。賽

✉在投資界中，一次大賺或一次最後證明正確的極端預測就可以讓人存活很多年，但是一次的成功能證明什麼呢？當市場繁榮時，最好的成果往往由承擔最多風險的人得到，他們是聰明預測到多頭市場，所以拉高資產的風險係數，或只是天生積極，正好搭上多頭列車？簡單的說，在這個行業，因為錯誤理由而正確行動的頻率有多高？納西姆．尼可拉斯．塔雷伯稱這些人為「幸運的傻瓜」（lucky idiot），而短期來看，很難區分出這些人和技巧高超的投資人。

重點是，即使投資出清結算後，也不可能知道承擔了多少風險。當然，投資會成功不表示有風險，反之亦然。對一項成功的投資來說，你如何研判必然會出現好結果？還是只有一％的機率會成功，而大部分的情況都難以讓人滿意？對失敗的投資也一樣，我們如何確定這是一個合理但剛好背運的投資？還是這個投資只是胡亂下注，活該受到懲罰？

投資人有做好評估風險的工作嗎？這是另一個很難回答的問題。需要建立一個評估模型嗎？想想天氣預報員吧，他說明天有七〇％的機率會下雨，結果真的下雨了，他的預測是正確還是錯誤？或是如果沒有下雨，他的預測是正確還是錯誤？

賽斯．卡拉曼
這可能是一流投資經理人與眾不同的地方。精明的投資經理人了解會威脅業務的很多風險，而且會採取行動，減輕或避免這些風險。績效不好的投資經理人則不會注意到風險，或是沒有及時採取行動，進而造成公司本來可以避免的虧損。

除非經過大量試驗，否則根本不可能準確評估〇和一〇〇%以外的機率數字是否正確。

〈風險〉，二〇〇六年一月十九日

這回到這章一開始引用艾爾洛伊・丁姆森的話：「風險意味著可能發生的事比即將發生的事還多。」現在，我們要轉而討論風險的形上學層面。㊟

或許你還記得這一章一開始說的話：投資只有一件事，那就是應對未來。不過我們顯然不可能「知道」未來的任何事情，如果我們有先見之明，就能對未來結果會發生在哪些地方和發生的相對機率有些概念，也就是說，我們可以產生一個粗略的機率分布（換句話說，如果我們沒有先見之明，就不會知道這些事，一切就全屬猜測）。㊟

如果我們對未來有些認識，就能判斷哪個結果最有可能發生、其他也可能發生的結果，以及可能的結果會分布得有多廣，進而得出「預期結果」（expected result）。預期結果是將每個結果發生的可能機率加權計算，這個數字可以說明許多未來可能發生的情況，但它無法說明全部的事。

即使我們知道機率分布的樣貌，知道最可能發生的結果和預期結果，而我們的預期又相當正確，也只會知道機率與趨勢。我常與好友布魯斯・紐伯格花幾個小時玩紙牌遊戲金拉密（gin rummy）與西洋棋，時間全消耗在有明確發生機率的紙牌與骰子上，這顯示出隨機性的重要，以及機率的變幻莫測。布魯斯有句名言：「機率和結果之間有很大的不同，可能

霍華・馬克斯 了解不確定性：丁姆森的話提醒我們一個非常簡單的概念，未來有可能發生很多事情。我們不可能知道每件事情發生的機率，而這樣的不確定性讓投資成為挑戰。只考慮單一情境的投資人（Single-scenario investor）忽略這個實際情況，他們將工作過度簡化，並期待能因此創造很好的成果。

霍華・馬克斯 了解不確定性：各種結果都有機會發生，這意味著我們一定不能只考慮未來的單一結果，而是要考量一系列的可能性。最好是能產生一個機率分布，綜合發生的機率與描述這些機率之間的相關性。我們必須全盤考量各種情況，而非只是考慮最有可能出現的情況。有些重大的虧損會發生，就是因為投資人忽略罕見事件發生的機率。

發生的事情沒有發生，而不可能發生的事情卻發生了，每次都這樣。」談到投資風險，這就是你該知道的最重要的事。(喬)

趁著討論機率分布這個主題，我想花點時間來特別談談常態分布（normal distribution）。投資人顯然需要對未來事件做出判斷。為了做到這點，我們會設定一個中間值，認為事件會圍繞這個數字發生，這個值也許是平均值或期望值（預期會發生的平均結果）、中位數（比這個數字高與低的結果各占一半的機率）或是眾數（最可能發生的結果）。但是想要應對未來，只有一個預期的中間值並不夠，我們必須對可能發生的結果與發生的機率有點概念，需要的是描述所有發生情況的機率分布。

就像身高數字，圍繞中心值的群聚現象形成大家熟知的鐘形曲線，某個特定觀察值在中間的發生機率最高，然後慢慢下降至最遠端，也就是「尾部」。身高一百七十八公分的男性可能最多，一百七十六公分和一百八十公分的男性少一些，一百六十公分和一百九十八公分的男性更少，一百四十二公分或一百四十公分的男性幾乎沒有。標準分布並不是將個別觀察值的機率全部列出來，而是提供一個簡便的方法來總結所有機率，這樣，只要有很少的統計數字，就可以告訴你未來的所有情況。

最常見的鐘形分布就稱為「常態」分布，但是很多人常把**鐘形分布**與**常態分布**交錯使用，其實它們並不相同。鐘形分布是一種機率分布類型，而常態分布是有特定統計特性的特殊鐘形分布，無法區分這兩種分布，無疑是造成近期信貸危機的重要原因。

在危機發生前的幾年間，金融工程師，或是俗稱的量化專家（quant）*，在創造和評

(喬)**喬爾・葛林布萊特**
討論投資組合時要牢記一件事：相關的罕見事件如果發生，會同時影響大部分的投資標的。

*華爾街的用語，是量化分析師（quantitative analyst）的縮寫。

價衍生性金融商品或結構型商品中扮演重要角色。在多數的情況下，他們都假設未來事件發生的機率會呈現常態分布，但是常態分布假設最極端的事件幾乎不可能發生，然而由情緒驅動極端行為、由人塑造的金融發展，機率分布也許應該有著「肥尾」（fatter tail）現象。因此，當開始大規模發生抵押貸款違約時，原本被認為不可能發生在抵押貸款相關工具上的事件也跟著發生。當投資人投資在以常態分布為基礎所建構的金融工具時，並沒有對尾部事件（tail event，有些人會用納西姆・尼可拉斯・塔雷伯所說的「黑天鵝事件」）有太多認識，常常就會投資失利。

現代的投資已經變得更依賴高階數學，因此我們必須留意是否把錯誤的簡化假設用在複雜的世界。量化技巧常常會賦予原本不該輕信的言論過多的權威，這明顯會帶來潛在的麻煩。

風險難以判斷

理解風險的關鍵，就是在很大的程度上，言人人殊。即使在投資結束後，也很難去確定到底有什麼風險。在空頭行情時，如果看見一個投資人的虧損比另一個人少，你可能會認為這位投資人承受的風險較低。或是在某個特定的環境下，一項投資標的的下跌幅度比另一項投資標的大，你可能會說這項投資的風險較大。可是這些結論一定是正確的嗎？

整體來看，我認為合理的說，投資表現是地緣政治、總體經濟、公司層級、技術面和心理面等一系列事件發展與當前投資組合碰撞之後產生的結果。所以丁姆森的話可以解釋成：未來有可能發生很多事情，但結果只有一個。得到的結果可能對你的投資組合有益，也可能有害，這取決於你的遠見、小心謹慎或是幸運。㊎你的投資組合在單一情境下的績效，並無法用來判斷在更多沒有發生的「另類歷史」中會有什麼績效表現。

- 一個能夠安穩度過九九％未來可能情境的投資組合，最後因為剩下的一％情境發生而出現虧損，根據這個結果，似乎會認為這個投資組合風險很高，但其實這個投資人已經相當謹慎。
- 另一個投資組合能安穩度過未來五〇％的可能情境，在剩下五〇％的情境下表現不好，但最後發生最理想的情況，績效大豐收，旁觀的人可能會認為，這是一個低風險的投資組合。
- 第三個投資組合會成功，完全取決於異常狀況。萬一異常狀況真的出現，那狂野不羈的投資作法就會被誤認為是穩健而有遠見。

報酬並不能說明投資決定的品質，尤其是短期報酬。想要評估報酬，必須考量相對承擔的風險，但是風險無法衡量。當然，風險不能根據「每個人」在某個時間點說的話來衡量，唯獨成熟有經驗的第二層思考者能夠判斷風險。

㊎**保羅・喬森**

完全了解這點，會讓你對於投資績效的理解更跨前一大步，而這對於投資理念的理解也很重要。

風險只存在於未來

下面就是我對理解風險的綜合看法：

☒除非是擁有優異洞察力的人，不然在事前大都是看不到投資風險的，即使投資出清結算之後也一樣。正因為這個理由，我們見過的許多大型金融災難都沒有成功預見風險、管理風險，而這有幾個原因：

- 風險只存在於未來，而我們不可能確切知道未來會如何……當我們回顧過去，顯然事實很清楚，我們知道有一件事情發生了。但是這個確定的事實並不表示產生結果的過程清楚可靠。在過去的每種情況下，很多事情都有可能發生。但是因為只有一件事情發生，讓我們低估變異性的存在。
- 在決定是否要承擔風險時，我會先假設常態情況會重複發生。雖然在大多數的時間裡，常態情況確實會重複發生，但有時候會發生非常不同的事……偶爾，罕見的事也會發生。
- 我們的預測常圍繞著歷史的常態，頂多只做些小小的改變……重點是，一般人通常會預測未來與過去相似，而且低估變動的可能性。
- 我們聽過很多「最差狀況」的預測，但是結果往往更糟。講講我父親的故事吧，他是個常輸錢的賭徒，某天他聽說有場賽馬只有一匹馬上場，所以他拿房租去賭，不過比賽到了一半，這匹馬跳過護欄跑了。事情總是會變得比一般人的預期還糟，也許「最差狀況」意味著「我們以往見過的最差狀況」，但這並不意味是未來的最差狀況。二〇〇七年的情況遠比很多人假設的最差狀況還差。

- 風險會改變。如果我們說每年有「二%的抵押貸款違約率」，即使多年來的平均數字確實如此，某個時間還是有可能出現異常的大量違約事件，拖累結構性金融工具的表現。有些投資人，特別是運用高槓桿的投資人，無法在這個時候渡過難關。
- 一般人會高估自己衡量風險的能力，也會高估自己對於沒見過的投資運作機制的理解能力。理論上來說，人類與其他物種不同的地方是，我們不必親身經歷就可以指出某件事情很危險。我們不必藉由燙傷自己來知道不該坐在火爐上。但是在多頭市場時，這個機制往往不會運作。一般人不會先去理解風險，而是傾向於高估自己理解新金融商品的能力。
- 最後，也是最重要的是，大多數的人認為，承擔風險是賺錢的主要方式，忍受高風險通常會帶來高報酬。市場必須做好安排，以便讓情況看來就是如此，否則一般人就不會參與高風險投資。但是市場不會永遠這樣運作，不然高風險投資就不會是高風險。當承擔風險並未帶來想要的結果時，才會知道這樣的投資方式真的

行不通，也才會想起風險到底是什麼。㊟

〈這次沒有不一樣〉(NO DIFFERENT THIS TIME)，

二〇〇七年十二月十七日

霍華・馬克斯

了解不確定性：投資需要我們對未來做出決策，通常我們會假設未來與過去相似，但這並不是說產生的結果分布永遠相同，不常見和不可能發生的事情有可能會發生，難以預測的結果有可能會迅速出現(並走向極端)。低估不確定性的後果，就是造成投資人陷入困境的一大原因。

—**第6章**—

確認風險

我相信，因為現在的系統過於穩定，所以我們會採用更高的槓桿、承擔更多的風險，讓系統別那麼穩定。

長期資本管理公司創辦人麥倫・休斯（Myron Scholes）

一般人會認為，經濟衰退時風險會增加，而在經濟復甦時，風險會下降。相反的，比較有用的想法應該是隨著經濟起飛，風險會**增加**，因為這時金融失衡（financial imbalances）逐漸累積，經濟衰退**漸漸成形**。

前摩根大通總裁安浩德（Andrew Crockett）

不論基本面有多好，人類貪婪與犯錯的傾向都會把事情搞砸。

優異的投資需要創造報酬並控制風險，而確認風險是控制風險的必要前提。

但願我已經清楚說明我認為的風險是什麼（以及不是什麼）。風險意味著發生結果的

不確定性，還有當不利情況發生時，出現虧損的可能性。㊡

接下來的重要步驟是要說明確認風險的流程。

確認風險往往是從了解投資人掉以輕心、過於樂觀與對某個資產出價過高開始。換句話說，高風險主要來自高價買進。不論是對某個證券或評價過高的其他資產付出太高的價格，或是因為多頭市場的看多情緒濃厚，推升整個市場價格衝高，當投資人高價進場不知規避時，就是風險的主要來源。㊢㊣

風險只會分散，不會消失

理論家認為報酬和風險儘管相關，但卻是兩碼事，價值投資人則認為高風險和低預期報酬不過是一體兩面，主要都源自於高價買進。㊤

因此，不論是對一檔證券或整個市場，察覺價格與價值的關係都是成功處理風險的主要環節。㊢

當市場推高，進場的價格意味著會出現虧損，而不是提供預期該有的報酬時，風險就會上升。要處理這種風險，就要從確認它開始。

✉從沿著右上方傾斜的資本市場線來看，潛在報酬的增加代表的是對承擔風險增加的補償，除了能夠創造α值的人，或是能夠找到擁有α值投資經理人的人，投資

✎**保羅．喬森**

這是我見過對風險最清楚準確的定義，馬克斯用這段話點出關鍵。

✎**喬爾．葛林布萊特**

不論波動性或分散投資程度等等風險，高價買進都是造成虧損的主要原因。

✎**霍華．馬克斯**

了解最危險的事：最大的風險並不是來自投資標的的低品質或價格高波動，而是來自高價買進。這不只是理論上提到的風險，而是真實存在的風險。

✎**克里斯多夫．戴維斯**

也就是說，高價買進既會增加風險，也會降低報酬。

✎**喬爾．葛林布萊特**

對價值投資人來說，錯估投資價值的風險是這套思考流程的主要環節。

人都不應該企圖在沒有承擔額外風險下得到額外報酬。如果要承擔額外風險，就應該要求風險溢酬（risk premium）。

但是當週期擺盪到某個時間點時，一般人常常忘記這個真理，結果承擔過多的風險。簡而言之，在多頭市場，尤其是多頭行情持續一段時間之後，投資人往往會說：「風險是我的朋友，因為承擔愈多風險，報酬就會愈高，所以拜託給我更多的風險。」

實情是，風險容忍度與成功投資完全對立，當投資人不害怕風險，他們會在不要求補償報酬的情況下接受風險……而且風險補償的報酬就會消失。(霍)

這是簡單而無法避免的關係。當投資人什麼都不擔心，而且縱容風險的時候，就會買進高本益比的股票與高EBITDA（一種現金流量，定義是稅前息前折舊攤銷前的獲利）的民營公司，也會在利差縮減時搶買債券、在收益資本化率（cap rate，淨收益對價格的比例）最小的時候搶買房地產。

「普遍相信沒有風險」就是很少見的高風險，因為只有投資人適當的規避風險，預期報酬才會內含適當的風險溢酬。(克)(霍)

但願未來投資人會記得要畏懼風險並要求風險溢酬，而當他們沒有這樣做的時候，我們會繼續發出警告。

〈太多錯誤與狂熱〉（SO MUCH THAT'S FALSE AND NUTTY），二〇〇九年七月八日

霍華・馬克斯

了解最危險的事：太高的價格來自投資人的心態太過樂觀，而投資人過於興奮的情緒往往來自於風險趨避意識的缺乏。風險趨避的投資人會意識到潛在虧損，因此要求以合理的價格來補償對潛在虧損的容忍。當投資人沒有充分採取風險趨避措施，就會付出太高的價格。

克里斯多夫・戴維斯

有個很好的類比，研究顯示，與一般小客車相比，休旅車的駕駛和乘客更容易發生車禍，儘管休旅車更大、車身更堅固。休旅車的駕駛相信他們不會發生意外，因此會危險駕駛。這種安全感會增加風險，而有風險意識的駕駛會讓風險降低。

霍華・馬克斯

了解最危險的事：「普遍相信沒有風險就是很少見的高風險。」本段的第一句話很有價值，因為它提出一個很好的例子，點出投資

因此，風險產生的一個主要因素是相信風險很低，或甚至相信風險會完全消失。這種信念會推升價格，導致投資人在預期報酬不高的情況下還是會冒險行動。

在二〇〇五至二〇〇七年，相信風險已經消失的念頭使得價格提高到泡沫水準，吸引投資人進場，後來證實這是高風險的行動。這是所有過程中最危險的一環，而且很有可能再度發生。(霍)

✉這幾年提到的許多神話故事中，最誘人也最危險的就是全球風險降低，說法是這樣的：

- 因為中央銀行的管理技巧純熟，景氣循環的風險已經減緩。
- 全球化讓風險分散到世界各地，而沒有集中在某個地區。
- 證券化和企業聯合壟斷行為將風險分散給許多市場的投資人，而不是集中在少數幾個投資人身上。
- 風險已經「分級」（tranched out），讓有能力的投資人來承擔。
- 槓桿風險變得比較低，因為利率和債務條件對借款人更加寬鬆。
- 融資併購變得更安全，因為被收購的公司基本面更為強勁。
- 透過作多／放空操作、以絕對報酬法投資，或是使用為了特定目的設計的衍生性

人的行為會創造出他們要承受的風險。當他們懷抱無憂無慮的信念時，那真的是最危險的事。

霍華・馬克斯

了解最危險的事：在我的職業生涯中，看過幾次相信風險已經消失、景氣循環不再發生、或是經濟法則不再起作用的信念抬頭，經驗豐富、有風險意識的投資人會認為這是出現極大危險的信號。

金融商品，都可以避險。

- 電腦、數學工具和投資模型的進步讓投資人更了解市場，因此風險更低。

二〇〇七年八月二十日出版的《退休基金與投資》（*Pension & Investments*）有個貼切的比喻：「吉兒・佛瑞斯頓（Jill Fredston）是美國知名的雪崩專家……她知道，更安全的裝備會誘使登山客冒更大的風險，這是一種道德風險，實際上會讓他們更不安全。」（喬）

與賺錢的機會相似，市場的風險程度源自市場參與者的行為，而不是來自某些證券、投資策略和機構。不論市場結構如何設計，只有投資人謹慎行事，風險才會降低。重點在於，像這種與風險控制有關的故事很少是真的，風險不能消除，只能轉移和分散。讓世界看起來風險降低的發展通常都是幻覺，而且這種幻覺所呈現的美好景象很容易讓世界變得更有風險，這些都是二〇〇七年的重要教訓。

〈現在一切都很糟〉（NOW IT'S ALL BAD），二〇〇七年九月十日

「風險消失」的神話是最危險的風險來源，也是促成泡沫的主要因素。當市場周期擺盪到最高點時，投資人有著執迷的信念，認為風險很低，而且投資一定能創造獲利，這讓他們忘記應該謹慎行事，應該憂慮和懼怕會產生虧損，反倒會因為錯失機會的風險深受困擾。（霍）

喬爾・葛林布萊特
在衡量不同的分散投資方法的好處時，這樣的想法很重要。

霍華・馬克斯
了解最危險的事：二〇〇九年夏天，《紐約時報》邀請十幾個人寫下造成危機的原因。二〇〇九年十月五日，我把我的回答發表在dealbook.com。標題是「太多信任，太少憂慮」，我提出的看法是，無憂無慮的投資人就是自己最大的敵人。

✉近期的危機主要是因為投資人比過去參與太多新奇、複雜而危險的事，他們使用太多槓桿，在低流動性的投資上投入太多資金。為什麼他們會做這種事？因為投資人有太多信任、太少憂慮，而且承擔太多風險。簡而言之，他們相信自己生活在低風險的世界……

憂慮，以及不信任、懷疑、風險趨避等等相關的詞彙，都是安全金融體系的必要成分。憂慮會阻止高風險貸款的發放、阻止企業承擔超過負荷的借款、阻止投資組合變得過度集中，而且阻止未經證實的計畫變成狂熱。當憂慮和風險趨避在該出現的時候出現，投資人就會產生懷疑，著手調查，而且謹慎行事。他們就不會參與高風險投資，或是在預期收益上要求提供適當的補償。

但是只有當投資人有效地規避風險時，市場才會提供適當的風險溢酬。當憂慮不足時，高風險借款人和可疑的計畫就很容易獲得資金，金融體系也將變得危機重重。太多資金去追逐高風險與新的投資標的，這會推升資產價格，而且降低預期報酬與安全性。

顯然，在危機發生前幾個月與幾年間，太少市場參與者表現出應有的憂慮。

〈檢驗標準〉（TOUCHSTONES），二〇〇九年十一月十日

市場環境變了，風險評估也變了

投資風險主要來自太高的價格，而太高的價格常常來自過度樂觀、懷疑與風險趨避不足。可能的根本因素包括安全資產的預期報酬偏低，高風險資產近期的傑出表現，強勁的資金流入，以及信用貸款容易取得。關鍵在於了解是哪些因素讓這些產生衝擊的事情發生。

投資的思考流程就像一條鎖鍊，每一次投資都要設定下一次投資的需求，下面是我在二〇〇四年對這段過程的描述：

✉我會用幾年前的「典型」市場來說明真實生活如何運作：三十天的國庫券利率是四%，所以投資人會說：「如果我投資在五年期的公債，我要五%的利率，如果買十年期公債，我要六%的利率。」到期日愈長，投資人會要求更高的利率，因為他們擔心購買力風險，這種風險會隨著到期時間增加。這就是為什麼殖利率曲線（yield curve）通常會隨著資產到期時間逼近往右上方傾斜的原因，而殖利率曲線其實是資本市場線的一部分。

現在來考慮信用風險。「如果十年期國庫券的利率是六%，我不會去買信用評等列為A級的公司債，除非它承諾的利率有七%。」這就引進了信用利差(credit spread)的概念。我們假定的投資人如果要把投資標的從「公債」（guvvie）轉為「公司債」（corporate），會多要求一百個基點＊。如果投資人都有這樣的感覺，

＊一個基點等於〇．〇一%，所以一百個基點就是一%。

那麼一百個基點就是利差數字。

要是我們轉而投資非投資等級的債券呢？「我不碰高收益債券，除非利率比相同到期日的國庫券多六百個基點。」所以如果想要吸引買家，高收益債需要比國庫券多六個百分點的利差，也就是要有一二%的利率。

現在如果不打算投資固定收益商品，情況就更困難了，因為你找不到像股票這類投資的預期收益（簡單的說，那是因為它們的報酬率是推測出來的，不是固定的）。但是投資人對這些商品有自己的判斷。「標準普爾（S&P）股票的歷史報酬率是一〇%，如果我認為它們會繼續有這樣的表現，我就會買進……而且風險較高的股票應該有更高的報酬；我不會買那斯達克（NASDAQ）的股票，除非我認為能得到一三%的投資報酬。」

報酬還可以繼續往上追加。「如果我能在投資股票中得到一〇%的報酬，那麼我要一五%的投資報酬才會接受低流動與不確定的房地產投資，而且要二五%的投資報酬才會去碰企業收購……三〇%的投資報酬才會去搞創業投資，因為創業投資的成功率低。」

這就是我認為投資流程的運作方式，事實上我認為一般都是這樣運作（雖然要求的投資條件不見得每次都相同）。結果就產生圖6-1這條很多人都熟悉的資本市場線。

現今，投資報酬率的大問題來自這個流程的起點，無風險利率並不是四%，而只有接近一%……

如果要一般投資人接受時間風險，他們仍然要更多的報酬，但由於起點是一%多一點，現在十年期國庫券的正確利率是四%，而不是六%。他們不會買進股票，除非報酬有六%至七%，而垃圾債的收益率如果不到七%，就不值得買，不動產的收益率必須達到八%左右。如果要讓企業收購有吸引力，它們必須付出一五%的承諾報酬等等。因此，我們現在有一條如圖6-2的資本市場線，比之前的線更低、更平。

這條比較低的資本市場線，可以用起點的無風險利率比較低來解釋。㊂畢竟，每個投資標的都必須和其他投資標的競爭資金，但是今年由於利率偏低，使得漸漸增加的各種風險性投資標的所設定的投資報酬標準，比我在職業生涯中的任何時刻都還要低。

今天的資本市場線不只表現出報酬的低水準，還有許多因素讓資本市場線變得更平坦（這很重要，因為資本市場線的斜率，或是說預期報酬隨風險增加的程度，就決定了風險溢酬）。第一，投資人盡可能地避開低風險、低報酬的投資……第二，二十多年來，高風險的投資一直有很好的報酬，尤其在二〇〇三年特別好。因此相較於其他風險較低的投資標的，投資人更受到高風險投資標的的吸引（或是說更不排斥），而且要求更低的風險補償……第三，今天的投資人認為風險相當有限……

喬爾・葛林布萊特
這也許是在建議，在衡量其他高風險的資產前，應該要將無風險利率的決定標準化。

圖 6-1　傳統的資本市場線

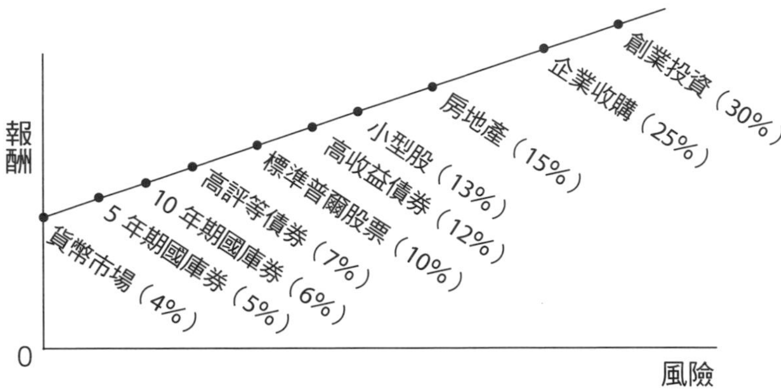

圖 6-2　今天的資本市場線

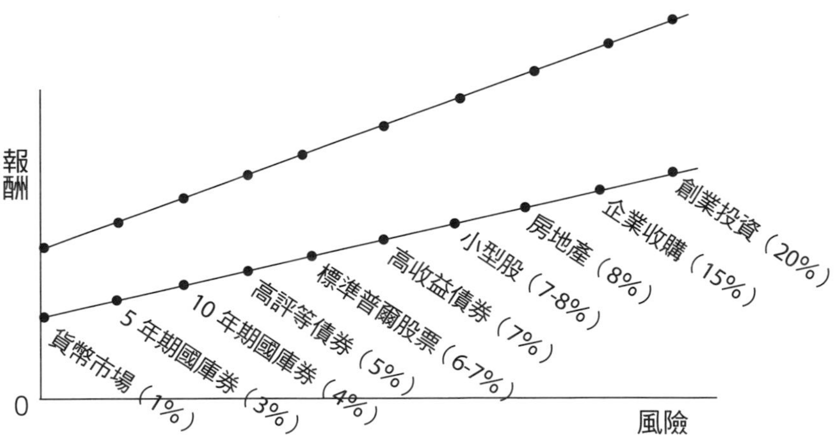

總而言之，用「量化專家」的說法，風險趨避下降了，不知道什麼原因，在投資人特有的鍊金術心態下，「不管是什麼價格我都不會去碰」轉變成「對我來說，這項投資看起來很穩健」。

〈今天的風險和報酬〉（RISK AND RETURN TODAY），

二〇〇四年十月二十七日

這種「富有化」（richening）的過程最後帶來本益比增加、信用利差縮減、投資人的行為沒有紀律、重度使用槓桿投資，以及對各種類型的投資工具有強烈的需求。正是這些情況推升了價格，降低預期報酬，也創造一個高風險的環境。

風險情緒評估

風險對投資至關重要，卻又很短暫，無法衡量。這些因素讓它難以確認，尤其在投資人情緒高漲的時候。但是我們必須確認風險。在二〇〇七年七月寫下的這段話中，我會帶你了解橡樹資本當時衡量投資環境與「風險情緒」（risk mood）的評估過程，其他時間的實際情況可能不同，但我希望這個流程的例子能對你有所幫助。

✉我們現在（二〇〇七年中）處於什麼情況？在我看來，並沒有什麼祕密。我見到懷疑、害怕和風險趨避都處在低水準，大多數的人都願意承擔風險性投資，因為傳統、安全的投資標的所提供的報酬實在少得可憐。實際情況是，儘管對安全的投資標的失去興趣並接受高風險的投資，導致風險／報酬線（risk/return line）＊的斜率變得相當平坦，風險溢酬還是普遍達到我從未見過的最低水準，但是很少人做出反應，拒絕接受增加的風險……

近期的市場很容易因為利多因素上漲，而且就算有利空因素，也很容易甩脫。我很少看到有資產被急於拋售，而且很少有人被迫賣出資產。相反地，大部分的資產都有買家強力叫進，因此我沒有發現有哪個股票市場指數過低或人氣低迷……

事實就是這樣。我們生活在樂觀的時代，景氣強力的往上攀升，價格提高，風險溢酬微薄。信任替代了懷疑，熱情取代了小心謹慎，你同不同意這個看法？這是關鍵問題，先回答這個問題，投資的意涵就會變得很清楚。

今年第一季，次級貸款發生嚴重違約，直接參與其中的人損失大筆金錢，而旁觀者則擔心會波及其他經濟領域和市場；到了第二季，衝擊已經影響到投資次級抵押貸款投資組合的擔保債權憑證（collateralized debt obligation, CDO，將債權集合起來切分成一份份憑證的結構型商品），以及購買擔保債權憑證的退休基金，其中包括兩檔貝爾斯登公司（Bear Stearns）的基金。就像以往艱困時期常看到的現象，必須出清資產的人被迫賣出能賣的東西，而不是賣出想賣的東西，因此不僅僅賣出與次級貸款相關的不良資產。接著我們開始看到調降評等、追繳保證金和跳樓

＊也就是資本市場線。

大拍賣的消息，這通常是造成資本市場崩盤的燃料。在過去幾個星期中，我們已經看到低評等的債券重新訂價、推遲或延後發行，以及過渡性貸款（bridge loan）＊無法重新融資，投資人保守看待上漲的走勢。

過去四年半來，投資人過著無憂無慮的愉快時光，這並不意味著未來也會這樣，就像我常在結論時引用華倫・巴菲特的話：「潮水退去之後，才會知道誰在裸泳。」─盲目樂觀的人應該注意：不可能永遠都在漲潮。

〈一切都很好〉（IT'S ALL GOOD），二〇〇七年七月十六日

我要特別指出，在二〇〇七年七月的備忘錄中，我發表的評論和其他警告都與未來的預測無關。只要察覺出目前到底是什麼情況，你就能辨認出導致崩盤所需要知道的每一件事情。

風險的任性

實際的風險並不比感受到的簡單而直接，一般人過度高估他們確認風險的能力，又低估避開風險該做的事。因此，他們在不知不覺中接受了風險，這樣做又創造了風險。這是為什麼必須運用不常見的第二層思考來探究這個問題的原因。

當投資人的行為改變市場時，風險就會增加。投資人哄抬資產價格，讓未來才會出現

＊指個人或企業短期需要借錢周轉的暫時性融資。

的價格增值加速提前到現在，因此拉低預期報酬。隨著心態的強化，投資人變得大膽無畏，進而停止要求適當的風險溢酬。最終帶來諷刺的結果，隨著愈來愈多人承擔新增加的風險，承擔新增風險的補償報酬事實上卻在縮水。

因此，市場並不是一個讓投資人操縱的靜態場所，它會做出回應，並藉由投資人自己的行為重新塑造。投資人增加的信心會創造更多應該擔憂的風險，就像增加的恐懼和風險趨避結合後，會在減少風險的同時增加風險溢酬一樣，我把這種現象稱為「風險的任性」（perversity of risk）。㊁㊂

✉「不管什麼價錢我都不會買進，每個人都知道這個風險太大了。」在生活中我聽到很多這樣的話，而我也因此參與隨之而來最好的投資機會……

事實是，大眾對風險的誤解至少與對報酬的誤解一樣頻繁。一般普遍認為一項投資標的過熱所以難以掌握，這樣的看法幾乎總是錯的。真實情況常常正好相反。

我深信，投資風險最常發生在最不容易察覺的地方，反之亦然：

- 當每個人都相信某個東西高風險的時候，他們不願意購買的意願通常會讓價格降低到沒有風險的水準。普遍悲觀的意見能使它成為風險最低的東西，因為價格中所有樂觀因素都被消除了。
- 當然，正如漂亮五十投資人的經歷證明，當每個人都相信某個東西沒有風險的時

喬爾・葛林布萊特
這是個很好的說法，應該要牢記，當市場嚴重下跌之後，要鼓起勇氣去購買低價股。

霍華・馬克斯
了解最危險的事：我非常喜歡「風險的任性」這個說法。當投資人感覺風險很高時，他們就會採取行動降低風險。但是當投資人相信風險很低時，它們會創造出危險的條件。市場是動態而不是靜態的，而且它會有違反直覺的行為表現。

候，就會拉抬價格到有巨大風險的地步。沒有風險值得恐懼，也就沒有提供或要求為了承擔風險而得到的報酬，也就是沒有「風險溢酬」。這會使最受推崇的東西變成風險最大的東西。

會有這種弔詭存在是因為，大部分的投資人決定一件東西是否有高風險，看的是品質，而不是價格。㊮

但是高品質的資產也會有風險，低品質的資產也可能很安全。㊌

一切只看要付多少錢購買……因此，與起的狂熱不只是造成潛在低收益的來源，也是高風險的來源。

〈每個人都知道〉（EVERYONE KNOWS），二〇〇七年四月二十六日

㊮喬爾・葛林布萊特

在散戶中，這種思維非常普遍，對很多人來說，這是投資流程中的根本缺陷。

㊌克里斯多夫・戴維斯

我同意，很多危險就來自使用如「品質」這樣的詞。首先，投資人很容易把「高品質資產」等同於「高品質投資標的」。因此，在投資高品質資產時有個不正確的前提假設，就是認為風險很低。一如馬克斯所正確指出的，「高品質」公司常常也比較高價，因此成為糟糕的投資；第二，「高品質」這個詞常有很多後見之明偏誤（hindsight bias）或光環效應（halo effect）。通常一般人提到「高品質」公司指的是過去表現良好的公司，但未來的表現常常不一樣。許多過去被列名「高品質」或「基業長青」的公司如今並不存在。為了這個理由，投資人應該避免使用「品質」這個詞。

—第7章—

控制風險

追根究柢，投資人的工作就是為了獲利而聰明的承擔風險，最好的投資人與其他人的區別就在於能把這件事做好。

我認為，傑出的投資人之所以傑出，就在於除了創造報酬外，他們還同樣有控制風險的能力。

絕對報酬高的投資人比風險調整後表現卓越的投資人更容易辨識，也更能引起好奇，這就是為什麼得到高報酬的投資人照片會登在報紙上的原因。㊍

因為很難衡量風險和風險調整後的表現（即使在事後），又因為一般人普遍低估管理風險的重要性，所以投資人就算在這方面做得很好，也很少得到認可，特別是在多頭行情的時候。

但是在我看來，優異的投資人是那些在賺得相同報酬下承擔較少風險的人。他們也許

㊍克里斯多夫・戴維斯
例如樂透頭獎得主，但沒有人會認為他是投資大師。

會在低風險下賺得適當的報酬，或是在適當的風險下賺得高報酬。在高風險下賺得高報酬沒有什麼好稱許的，除非你能多年來一直如此。如果真是這樣，那「高風險」可能沒有那麼高，不然就是風險管理得特別好。

看看那些被大眾認為做得很好的投資人，像是華倫・巴菲特、彼得・林區（Peter Lynch）、比爾・米勒（Bill Miller）和朱利安・羅伯森，一般認為，他們的投資紀錄出眾，不只是因為他們的高報酬，還因為數十年來的表現都很穩定，沒有嚴重虧損。他們每個人也許有一、兩年表現不好，但是一般來說，他們處理風險的能力與獲得報酬的能力一樣強。

多頭行情時也要控制風險

控制風險很少會得到獎勵，多頭行情時更是一點獎勵也沒有。原因就出在風險是隱藏的、看不見的。風險（也就是發生虧損的可能性）觀察不到，能觀察到的只有虧損，而虧損只有在風險碰到負面事件時才會發生。

這是很重要的一點，因此我們拿兩個比喻來清楚說明。病菌會造成疾病，但病菌本身並不是疾病，我們也許會說，疾病是病菌入侵的結果；加州的房子可能有建築瑕疵，導致碰到地震時就會崩垮，但只有在地震發生時才會發現。

同樣的，當風險碰到逆境時，虧損才會發生。風險是事情出錯時造成的潛在虧損，只要事情發展順利，就不會出現虧損。只有環境中出現負面事件時，風險才會造成虧損。

我們必須記住，就算環境有利，也只是那天（或那年）可能呈現的其中一種環境（這就是納西姆・尼可拉斯・塔雷伯的另類歷史概念，第十六章有更詳細的描述）。實際上，過去環境裡沒有出現負面事件，不代表負面事件不會出現。因此，過去環境裡沒有出現負面事件，不代表不需要控制風險，即使結果顯示當時並不需要。

這裡有件重要的事必須了解：就算虧損沒發生，風險還是有可能存在。因此，沒有虧損不一定表示建構的投資組合是安全的。所以多頭行情時還是可以控制風險，只是因為沒有遭受考驗而觀察不到，因此無法獲取獎勵。只有技術高明、經驗豐富的觀察家能在多頭行情和空頭行情時，看出一檔投資組合是低風險還是高風險。

為了讓一檔投資組合撐過艱困時期，一般都必須很好的控制風險。然而，如果投資組合在多頭行情時表現良好，我們並無法知道到底是有控制風險，但其實並不需要，還是並沒有控制風險。重點是，在多頭行情的時候，控制風險是無形的，但仍然有必要，因為多頭行情很容易反轉成空頭行情。

在相同收益下降低風險

✉那麼「事情做得好」該如何定義？

很多觀察家認為，無效率市場的優勢包括經理人可以拿特定風險當作基準，賺取更高的報酬率。圖7-1就代表這種看法，描繪經理人的 α 值，也就是透過技術取得

圖 7-1　在相同風險下創造更高收益

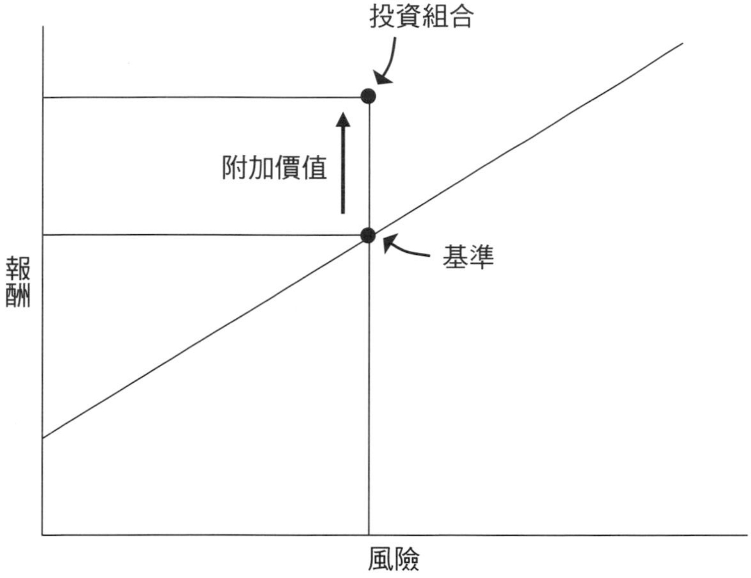

圖 7-2　在相同收益下降低風險

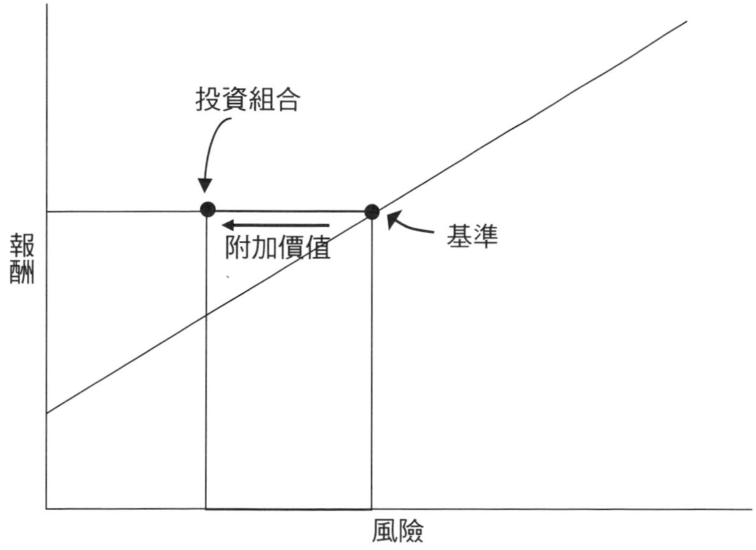

的附加價值。

這個經理人做得很好，但我認為這只是故事的其中一半，而且我認為是最無趣的一半。一個無效率市場能讓一個技術高超的投資人以得到相同報酬為基準，承擔更小的風險，而我認為這才是優異的成就（見圖7-2）。

在這裡，經理人的附加價值不是來自給定風險下得到更高的報酬，而是在給定的報酬下承擔更少的風險。這也做得很好，或許應該說這做得更好。

這些只是語義上的問題，取決於你怎麼看這兩個圖。因為我認為從根本上降低風險能夠為最終的成功投資經驗奠定基礎，所以這個概念應該得到更多重視。如何在上漲的市場中充分獲利，同時在下跌的市場中站穩腳步，取得卓越的表現？在上漲的市場取得獲利並承擔低於市場的風險……這並不容易。喬

〈報酬、絕對報酬和風險〉（RETURNS, ABSOLUTE RETURNS AND RISK），

二〇〇六年六月十三日

現在我們回到還沒入侵的病菌或還沒發生的地震上。優秀的建築師能夠避免建築瑕疵，糟糕的建築師則會造成建築瑕疵，在沒有地震的時候，你並沒有辦法判斷這兩位建築師有什麼不同。

同樣的，優秀的投資人得到的報酬也許不比其他人高，但會在承受較低的風險下取得相同的報酬率（或甚至用更低的風險取得稍微低的報酬率）。當然，當市場穩定或上漲時，

喬爾・葛林布萊特
要找這樣的人才，通常會評估這個經理人的投資流程，而不是分析相對特定基準的報酬。

我們看不出一個投資組合的風險有多大。這就是華倫・巴菲特的觀察，潮水退去之後，才會知道誰有穿衣服，誰在裸泳。

承擔較低的風險，但卻與承擔一般風險的人有著相同的報酬率，這是一種傑出的成就。但大部分的時候，這種微妙、隱含的成就只有透過經驗豐富的判斷才能了解。

通常，市場多頭的時間比空頭多。在市場空頭時，控制風險的價值可以從減少的虧損來證實，而控制風險的成本（由放棄的報酬率可以看出）似乎看起來太高。在市場多頭的時候，有風險意識的投資人必然感到很滿意，因為他們知道可以從控制投資組合的風險獲利，即使控制風險不見得必要。他們就像買了保險的審慎屋主，覺得受到保障而感覺良好……即使並沒有發生火災。

為你的投資組合控制風險是非常重要而且有價值的工作，然而，這樣的成果只會以沒有發生的虧損來呈現，在市場平穩的時刻，要計算「如果發生……會造成多大的虧損」是很困難的。㊢

㊢羅・喬森
這是風險管理的終極矛盾。

為了獲利，聰明承擔風險

✉無知的承擔風險可能會鑄下大錯，但有些人卻一再這樣做，他們買進紅極一時、在特定時間點受到高度推崇、被認為「絕對不會出問題」的證券。另一方面，有些最聰明、獲利最多的投資則是在獲利的目的下，聰明的接受已經認清的風險，即使大多數投資人認為這是危險的投機行為(或許實際情況也是如此),紛紛避開。

追根究柢,投資人的工作就是為了獲利而聰明的承擔風險,最好的投資人與其他人的區別,就在於能夠把這件事做好。

為了獲利而聰明的承擔風險是什麼意思?就以人壽保險為例,明明人**都**會死,以保守著稱的美國壽險公司怎麼敢為人類的壽命提供保險?

- 它們知道這個風險:它們知道每個人都會死,因此它們已經把這個實際因素納入考量。
- 它們有能力分析這個風險:這是為什麼它們會請醫師評估投保人的健康狀況。
- 它們有能力分散風險:藉著確保有著混合不同年齡、性別、職業與居住地的投保人,它們能夠保證不會出現罕見情況與大幅虧損。
- 它們確定承擔這個風險能夠得到不錯的收入:它們設定保費,如果保戶根據精算的平均死亡率表死亡時,就能獲利。而且如果保險市場沒有效率,例如保險公司能銷售一張假定保戶七十歲會死亡的保單,給某個可能活到八十歲的保戶,那他們就更能防範風險,而且只要情況如預期發生,就能獲得額外的獲利。*

我們在高收益債券與橡樹資本的其他投資策略中,就是做同樣的事,我們試著察

* 這意思是說,因為保戶死亡之後才能領到保險金,所以如果保戶晚十年死亡,那保險公司就可以多十年的時間去投資,賺取報酬。

覺風險，買賣有些人簡單稱為「高風險」的資產，這一點很重要。我們雇用技術高超的專業人士，有能力分析投資標的並衡量風險。我們適當的分散投資組合，而且只有在報酬率遠遠高於原有的風險補償報酬時才會投資。

多年來我一直說，高風險資產如果夠便宜，就能成為很好的投資標的。關鍵要素是知道什麼時候會發生這樣的狀況。只要能聰明的為了獲利承擔風險，這就是了，而最好的檢驗方法就是長期來看，是否有反覆的成功紀錄。

〈風險〉，二〇〇六年一月十九日

控制風險不是規避風險

控制風險是必要的，但**承擔**風險說不上是聰明還是不聰明。這是多數投資策略和投資利基不可避免的部分，在承擔風險上，可能做得很好或是很糟，也可能碰到對的時機或錯的時機。如果你有足夠的技術，能夠在風險控制下取得更有利的利基，那是最好不過了。但是潛在的陷阱很多，必須要避開。

謹慎控制風險的人自知他們不知道未來，他們了解未來包括一些負面的結果，但不知道這些結果會有多糟，也不知道可能發生的準確機率。因此，主要的投資陷阱就在於不知道「糟糕的情況會有多糟」，結果做出糟糕的決定。

✉極端的波動和虧損並不常出現，如果隨著時間經過都沒出現，就會看起來永遠不會出現，那看待風險的假設便會貌似太保守。因此，放寬投資準則、規定、提高槓桿就會變得很有吸引力。而常常就在這樣做之後不久，風險終於冒出來。如同納西姆・尼可拉斯・塔雷伯在《隨機騙局》中寫道：

「現實遠比俄羅斯輪盤凶惡，首先，它很少射出致命的子彈，這就像一把左輪手槍可以裝上百、甚至上千發子彈，但只裝了六發，擊發幾十次之後，在安全感麻木的錯覺下，忘記有子彈的存在……第二，俄羅斯輪盤這類的遊戲有著明確的規則，只要會六的乘法與除法，就可以看到風險，但一般人觀察不到現實的槍口……於是不知不覺的玩起俄羅斯輪盤，而且用『低風險』這個詞彙稱呼。」

二〇〇四至二〇〇七年，金融機構玩了一場以為是低風險的高風險遊戲，都是因為他們對虧損和波動的假設太低了。只要當初他們會說：「這些東西有潛在風險，房價漲太多了，而且抵押貸款太容易取得，這時的房價可能會普遍下跌。所以我們使用的槓桿操作只要達到過去績效建議的一半就好。」我們就會看到完全不同的景象。

他們應該做更保守的假設，這樣說很容易，但要多保守呢？㊗

你不能根據最壞情況的假設經營事業，這樣你什麼事情都不能做。而且，「最壞情況的假設」這個說法並不好，除非全都虧光了，不然這樣的情況並不存在。現在我們知道量化專家不應該假設房價不會全面性下跌，但當你一開始假設房價會

㊗羅・喬森
這是評估風險的關鍵問題。

下跌時，你為下跌多少房價做好準備？二%？一〇%？還是五〇%？

（二〇〇八年的）新聞頭條全都是企業鉅額虧損或是倒閉的消息，因為他們利用槓桿來購買資產……這些投資人運用的槓桿可能適合波動溫和的資產，但卻拿來用在從未見過波動最大的資產上，說他們做錯很容易，但要期望他們為獨特的事件做好準備是否合理？

如果每個投資組合都要求要能夠承受今年（二〇〇八年）我們見到的衰退，那任何槓桿應該都用不上了，這是合理的反應嗎？（事實上，即使不用槓桿，可能也沒有人會投資這類資產。）

不管在生活的哪個層面，我們都是根據可能會發生的事情來做決定，而這有很大程度是以過去經常發生的事件來考量。我們預期的結果大部分會最接近常態分布的A點，而且我們知道更好的情況（B點）和更糟的情況（C點）並不常見。雖然我們應該牢記偶爾會出現正常區間外的結果（D點），不過我們往往會忘記可能有離群值出現。重要的是，就像近期的事件顯示，我們很少考量一百年才發生一次或是從未發生過的事件（E點）（見圖7-3）。

圖 7-3　常態分布下不同事件發生的情況

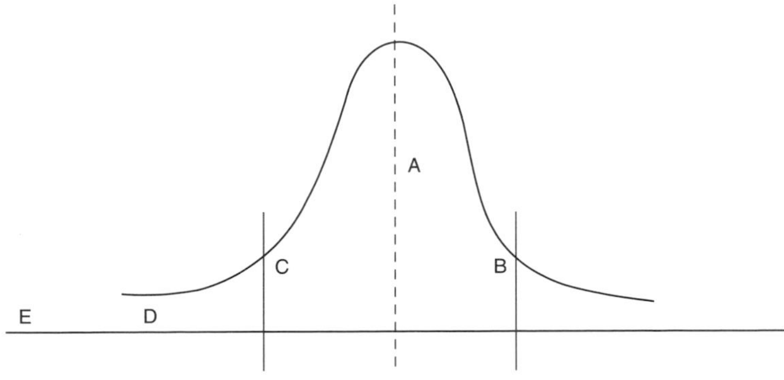

即使我們了解異常、罕見的事件會發生，為了採取行動，我們得做出合理的決策，當報酬不錯時，我們要有意識地接受風險。雖然偶爾會出現「黑天鵝事件」，但如果我們總是說：「不能做某項投資，因為結果會比我們以往見過的情況都糟。」那我們就什麼都做不了。

所以你不能對大部分的事情都做最壞的準備，為一個世代會發生一次的事情做好準備應該就夠了。但是一個世代並不是永遠，有時還會超出這個標準。碰到這種情況你會怎麼做呢？我過去常在思考一個人該為不常見的災難做多少準備，包括二〇〇七至二〇〇八年在內的所有事情都證明，這並沒有簡單的答案。

〈波動＋槓桿＝炸藥〉（VOLATILITY+LEVERAGE=DYNAMITE），

二〇〇八年十二月十七日

特別是在這章前面提到，風險有著變幻莫測的樣貌，我要確切說明，控制風險與規避風險有很重要的區別。控制風險是避免虧損最好的途徑，相反的，規避風險很有可能也規避了報酬。偶爾我會聽到有人說橡樹資本只會規避投資風險，而我很不以為然。

✉顯然，橡樹資本並沒有完全逃開風險，在對的時機、對的形勢和對的價格下，我們很歡迎風險。㊖

我們很容易避開所有風險，你也能做到。但這樣我們就會連高於無風險利率的報

㊖羅・喬森

馬克斯的區別很清楚。控制風險不是規避風險，而且，在他的論述中，「對的價格」是其中的重要部分。

酬都一起規避掉。美國知名牛仔威爾・羅傑斯（Will Rogers）說：「有時你必須爬上枝頭，因為果實就在那裡。」在我們這一行，沒有人只想要四％的報酬。所以儘管橡樹資本的第一個投資理念強調「控制風險的重要性」，那也與規避風險無關。

客戶拿錢給我們，是要我們去承擔風險，尤其是去承擔其他人極端厭惡的風險，努力為客戶創造價值。在這樣的說明下，顯然風險在我們的投資流程中扮演很大的部分。

勤業眾信聯合會計師事務所（Deloitte & Touche）的李克・芬斯頓（Rick Funston）在二〇〇五年《企業董事》（*Corporate Board Member*）特刊裡的一篇文章〈當企業風險變成個人風險〉（When Corporate Risk Becomes Personal）中的話，點出本篇備忘錄的主旨：「你要很安心……風險和曝險可以理解、適當的管理，而且開放透明的讓每個人知道……這不是風險趨避，而是風險智能（risk intelligence）。」這就是橡樹資本每天努力做的事。

〈風險〉，二〇〇六年一月十九日

通往長期成功投資的道路上，控制風險比冒險投資更為常見。在整個投資生涯中，多數投資人的成果取決於有多少次失敗的投資、賠得有多慘，而不是成功的投資有多成功。優秀投資人的標誌就是能技術高超的控制風險。㊋

喬爾・葛林布萊特

負報酬的計算可以證實這個結論（舉例來說，一年四〇％的虧損，隔年需要六七％的報酬率才能完全回本）。

第8章

注意景氣循環

我認為，記住每件事情都有周期是很重要的事，我敢肯定的事情不多，但下面這些事一定是對的：周期最後總是會占到優勢，沒有什麼東西可以永遠朝著同個方向前進，樹木不會直直穿過天際，很少東西的價值會降到零，而堅持以今天的事件來推測未來，沒有什麼比這更危害投資人的財富了。

在投資界愈久，我就愈欣賞事物的周期變化。二〇〇一年十一月，我用了一整篇備忘錄來說明這個主題。我借用萬通人壽保險公司（Mass Mutual Life Insurance Company）的廣告詞下了這個標題〈你不能預測，但可以做好準備〉（You Can't Predict. You Can Prepare），因為我衷心贊同他們的理念：我們不會知道等在前面的會是什麼，但我們可以為可能發生的事情做好準備，降低它們帶來的痛苦。

投資就像人生一樣，很少有事情是確定的。價值可能蒸發、估計可能有錯、情況可能改變，而且「確定的事」可能變得不確定。不過我們有把握能相信下面這兩個概念：

- **法則一**：多數事物都有周期。
- **法則二**：在其他人忘記法則一時，就是產生獲利和虧損最大的機會。

很少有事情會直線發展。可能先有進展，然後遲滯；偶爾有一陣子會很好，然後轉差；有時進展可能很快，然後才慢下來；也有些事情可能一開始慢慢惡化，然後急轉直下。但是事物的本質就是有盛有衰、有漲有跌。經濟、市場和企業也是如此，有起有落。

我們這個世界會有周期變化，基本上是因為有人類參與，機械的東西可以直線發展，時間可以持續向前，因此擁有足夠動力的機器也可以不斷前進。但是歷史和經濟等領域要進步，靠的是人類，當有人類參與，結果就會有變動和周期更替，我認為，主要的理由是一般人有情緒，反覆無常，而且既不堅定也不客觀。

當然，客觀因素在周期上扮演很大角色，這些因素像是量化關係、國際事件、環境改變、科技發展和企業決策。而心理因素對這些事件的影響，就造成投資人反應過度或反應不足，進而決定周期變化的起伏程度。

當一般人感覺事情的進展很好、對未來抱持樂觀時，他們的行為就會大受影響。他們會花得多、存得少。他們會借錢來享樂，或是借錢來提高潛在獲利，即使這樣會讓財務狀況變得更不穩定（當然，在樂觀的時候，投資人會忘掉「不穩定」這個概念）。而且他們還會願意為了現在的價值或一部分的未來付出更多。

但是這些事情有可能在一秒之內反轉，我很喜歡一幅漫畫，畫中有個電視評論員說：「昨天對市場有利的每件事情，今天並不見得有利。」周期的高低點主要來自一般人的情緒和弱點、主觀和不一致性。

✉周期會自我修正，而且不必依賴外部事件就能反轉。周期會反轉（而不是朝著同個方向永遠前進）是因為趨勢會創造讓周期反轉的原因。因此，我喜歡說，成功本身就帶著失敗的種子，而失敗也帶著成功的種子。

〈你不能預測，但可以做好準備〉，二〇〇一年十一月二十日

信用循環的力量

信用循環（credit cycle）特別值得一提，因為它無法避免、波動極端，而且有能力創造機會給適應它的投資人。在所有的周期變化中，我最喜歡信用循環。

✉參與投資的時間愈長，我就愈深刻感受到信用循環的力量。經濟只要有一點小波動，就會造成信用供給出現大幅波動，並對資產價格產生巨大的影響，進而回過頭來影響經濟。

整個過程很簡單：

- 經濟進入繁榮期。
- 提供資金的人很多，資金數量增加。
- 因為壞消息很少，貸款和投資要承擔的風險似乎減少。
- 風險趨避行為消失。
- 金融機構擴大經營，也就是說，提供更多資金。
- 為了爭奪市場份額，金融機構降低報酬率要求（例如降息）、降低放貸標準、提供更多資金給特定的交易，而且放寬放款條件。

到最後，提供資金的人放款給不符合資格的借款人和計畫，就像《經濟學人》（*The Economist*）今年稍早提到：「最糟的貸款都是在經濟最好的時候產生。」㊣保 這會導致資金耗損，也就是資金投注的計畫出現成本高於報酬的情況，最後沒有任何報酬。

臻至這一點時，前面所說的上升段，也就是周期上升的部分，就會反轉。

- 虧損導致借款人失望退出。
- 風險趨避行為增加，接著利率、信用限制、放款條件的要求提高。

保羅・喬森
要完全了解這個看法很困難，除非曾經因為沒有依循這個智慧建議受到傷害。雖然在課堂上討論這個主題時，學生們都會點頭表示同意，但是當他們未來成為投資人和銀行家的時候，毫無疑問會重複同樣的錯誤。

- 資金供給減少，而且在周期的谷底，只有最符合資格的借款人才借得到錢——如果有這樣的人的話。
- 企業急需資金，但借款人無法展延債務，導致違約與破產事件頻傳。
- 這個過程會導致經濟更加萎縮。

當然，這個過程到達最極端的時候會再次反轉。因為貸款和投資的競爭相當少，放款給信用好的人可以要求高報酬。㊆反向投資人在這個時間點投入資金，瞄準高報酬。預期報酬吸引人的計畫開始吸收資金，這樣一來，就能帶動經濟復甦。

我在前面提過，周期會自我修正，信用循環會透過上面的描述來自我修正，而它還是驅動景氣循環波動的一個因素。景氣繁榮時會擴大放款，進而出現不明智的放款行為，結果造成大量虧損，這又會讓放款機構停止放款，使得繁榮時期結束，如此持續循環。

……下次出現危機時可以看看四周，你也許會找到一個放款機構，提供過於寬鬆的放款，助長金融泡沫，近期有許多著名的例子可以說明寬鬆信貸如何導致市場繁榮，接著崩盤，例如一九八九至一九九二年的房地產市場、一九九四至一九九八年的新興市場、一九九八年的長期資本管理公司、一九九九至二〇〇〇年的電影片映演產業、二〇〇〇至二〇〇一年的創投基金和電信公司。這每個案

㊆**克里斯多夫・戴維斯**
再一次，你得到了高報酬和低風險。

例中，放款機構和投資人都提供太多便宜資金，結果造成過度擴張與急遽的虧損。在電影《夢幻成真》（*Field of Dreams*）中，凱文・科斯納（Kevin Costner）說：「如果你建好球場，他們就會來。」在金融界，如果你提供便宜資金，他們就會來借錢、買東西和蓋房子，而且通常會漫無章法，產生非常負面的後果。㊣保

〈你不能預測，但可以做好準備〉，二〇〇一年十一月二十日

請注意，這篇近十年前寫的備忘錄可以完全描述二〇〇七至二〇〇八年金融危機產生的過程。我能寫出這些並不是我有預測的能力，只是我熟悉從沒停止的基本周期。喬

周期不會停止

周期從不會停止，如果真的有個完全效率市場，而且如果一般人做決定的時候真的能詳細計算，不受情緒影響，那或許周期（或至少極端情況）能夠消除。但是從未發生過這樣的事。

經濟會隨著消費者支出的多寡起伏，會因為地區與全國性的經濟因素或外部事件做出情緒反應，企業會在景氣爬升時預期有個美好的未來，因此過度擴充廠房設備與存貨，但到了經濟下滑時卻變得難以負擔；提供資金的人則會在經濟不錯時過於慷慨大方，提供便宜的資金造成經濟過度膨脹，而當事情發展看來不好的時候，他們又把韁繩拉得太緊，緊縮資

保羅・喬森

我再次對這本書驚嘆連連，近十年前的備忘錄讀起來像是最近寫的一樣，這篇備忘錄就是最好的例子。馬克斯用舊的備忘錄有效顯示出歷史會重演，或許至少可以說，一般人總是傾向於讓歷史重演。

喬爾・葛林布萊特

了解周期最終會自我修正，可以讓你在市場大幅重挫之後，對於尋找低價股還能維持一些樂觀。

金。（賽）

投資人會在企業做得不錯時高估企業價值，在企業經營困難時低估企業價值。

可是每隔十年左右，一般人總是會斷定周期會結束。他們若不是認為多頭行情會持續下去，不會結束，就是認為反向趨勢不會停止。在這段時間，他們會討論「良性循環」或是「惡性循環」，認為周期會自我發展，永遠朝著某個方向前進。

舉個例子，一九九六年十一月十五日《華爾街日報》報導有個共識正在形成：「從會議室到居家客廳、從政府機構到交易所，一個新的共識正在形成，那就是巨大而糟糕的景氣循環已經被馴服了。」在那之後的多年裡，有誰記得曾經出現過穩定、沒有景氣循環的經濟環境？又要怎麼解釋一九九八年出現的新興市場危機、二〇〇二年的經濟衰退，還有二〇〇八年出現自第二次世界大戰以來最嚴重衰退的金融危機？

認為周期會結束的信念就是基於「這次不一樣」的危險前提來思考的例子。這五個字應該能讓任何了解過去、知道歷史會重演的人心懷恐懼，而且或許也提供賺錢的機會。因此當出現這種形式的錯誤時，能夠加以確認是很重要的事。

我很喜歡《喔，是嗎？》（*Oh Yeah?*）這本小冊子，這本一九三二年出版的書收錄經濟大蕭條前，企業家與政治領導人的智慧話語。即使在那個時候，專家們都預期有個不受周期影響的經濟：

- 皮爾斯艾羅汽車公司（Pierce Arrow Motor Car Co.）總裁麥倫・富比世（Myron E.

（賽）斯・卡拉曼

的確，這就是資本主義的主要優點。如果商品供給過多，會導致價格下跌，獲利減少。如果提供商品的人可以採取行動，他們會停止擴張，開始減少供給。市場經濟可以做出反應，讓社會資源得到更理想的使用，這是計畫經濟做不到的事。

Forbes）一九二八年一月一日說：「目前的榮景不會中斷。」

- 紐約證券交易所總裁西門斯（E. H. H. Simmons）一九二八年一月十二日說：「未來這個國家的繁榮必然會漸緩，而且會衰退……對於這個看法，我不得不發出反對的意見。」
- 布希碼頭公司（Bush Terminal Co.）總裁歐文・布希（Irving T. Bush）在一九二八年十一月十五日說：「我們處在一個時代的開始，在歷史上，這個時代稱為『黃金時代』。」
- 美國總統賀伯・胡佛（Herbert Hoover）在一九二九年十月二十五日說：「國家的基礎事業……都建立在健全和繁榮的基礎上。」

✉每隔一段時間，當上升趨勢和下降趨勢持續了很久，以及（或是）達到極端時，就會有人開始說「這次不一樣」。他們引用地緣政治、制度、技術或行為的改變，認為這已經使得「舊規則」不再有效。他們推斷近期的趨勢，做出投資決定。然而結果卻顯示舊規則仍舊有效，周期重新開始。最終，樹木不會直直穿過天際，很少東西的價值會降到零，大部分的現象都有周期變化。

〈你不能預測，但可以做好準備〉，二〇〇一年十一月二十日

✉我們的結論是，在大多數的時間裡，未來看起來和過去很類似，既有上升周期，

也有下降周期。要說事情會轉好的最佳時機，就是當市場下挫，每個人想用極便宜的價格賣出東西的時候。而當市場達到新高水準，提出過去從未證實的正面合理化說法的時候，那就危險了。過去曾經發生這種事，未來還會再次發生。

〈這次有不同嗎？〉（WILL IT BE DIFFERENT THIS TIME?），

一九九六年十一月二十五日

投資人做出最危險的事，就是忽略周期來推斷趨勢。偏偏一般人都會這麼想：如果企業表現得好，就會永遠表現得好，績效出色的投資會永遠出色，反之亦然。實際上，反過來的說法可能比較正確。(霍)

投資新手第一次看到這個現象發生時，可以理解他們會接受周期結束這個過去從沒發生過的事發生了，但是第二次或第三次看到這種現象出現的投資人已經有經驗，應該了解到周期中斷永遠不會發生，他們應該把這樣的看法轉換成自己的優勢。

下次如果碰到一樁生意，斷言周期已經結束，務必記住，這一定是個賠錢的賭注。

霍華・馬克斯

了解最危險的事：當事情都很好的時候，推斷趨勢會帶來最大的危險。不論是要推斷企業獲利能力、資金取得能力、價格漲幅或市場流動性，這些被認為可以永遠上漲的因素最後都不免回到平均值。

— 第9章 —

意識到鐘擺效應

當事情進展順利，價格又很高時，投資人會搶著買進，忘卻所有的小心謹慎。然後，當四周情況變得混亂、資產低價賣出時，他們失去了承擔風險的意願，搶著賣出。未來就像這樣翻來覆去。

我第二篇寫給投資人的備忘錄是在一九九一年，整篇內容幾乎都與我這幾年來思考得愈來愈多的主題有關，那就是如鐘擺擺盪般的投資人態度和行為。㊡

✉證券市場的情緒波動與鐘擺的擺盪類似，雖然擺錘的中點最能描述鐘擺的「平均」位置，但實際上鐘擺停留在那裡的時間很短。相反的，鐘擺幾乎都會朝著兩端高點來回擺盪，但是不論鐘擺多接近哪個高點，遲早都會反轉擺盪回中點。事實上，向高點擺盪正是提供鐘擺反轉的動力。

✎㊡**羅・喬森**
第九章主要是前三章風險討論的延伸，針對目前市場的風險程度分析提供額外的洞見。

投資市場就像鐘擺一樣：

- 在價格過高和價格過低間擺盪。
- 在慶祝事情會樂觀發展與煩惱事情會悲觀發展間擺盪，以及
- 在興奮和沮喪間擺盪。

這種擺盪是投資界最可靠的特徵之一，而且投資人的心態似乎都花太多時間在兩端高點上，而不是花在「快樂的中點」（happy medium）上。

〈第一季績效〉（FIRST QUARTER PERFORMANCE），一九九一年四月十一日

十三年後，我在另一篇備忘錄再次詳細討論鐘擺效應，在那篇文章中，我觀察到更多之前沒有提過的要素，投資市場也會在貪婪與恐懼間擺盪、在樂觀與悲觀看待事物間擺盪、在相信與不相信即將到來的發展間擺盪、在輕信與多疑間擺盪、在風險容忍與風險趨避間擺盪。

最後一個擺盪——在面對風險的不同態度間擺盪，就是許多市場會波動的共通點。

就像前面提過，風險趨避是理性市場的必要成分，而鐘擺所在的相對位置特別重要。不當程度的風險趨避就是造成市場泡沫和崩盤的主要因素。要說缺乏風險趨避就是泡沫的必

然特點也許過於簡化，不過絕不過分。另一方面，在崩盤時，投資人會過於恐懼，過度的風險趨避讓他們不敢買進，即使價格只反應市場的悲觀，沒有樂觀，而且價值已經離譜的偏低。

✉在我看來，貪婪與恐懼的循環是因為投資人對待風險的態度轉變所造成。當貪婪盛行的時候，意味著投資人對於風險高度放心，而且有承擔風險就會獲利的想法。相反的，恐懼盛行顯示投資人對於風險高度厭惡。學界認為，投資人面對風險的態度是固定不變的，但實際的變動幅度其實很大。

金融理論主要依賴一項假設：投資人會風險趨避。也就是說，他們「不喜歡」風險，必須用較高的預期報酬來引誘、賄賂他們來承擔。

從高風險投資中獲得可靠的高報酬是個矛盾的說法，但有些時候，當一般人對於風險太過放心，因此讓證券價格包含的風險溢酬並不足以補償其承擔的風險，這樣的警告就會被忽視……㉾

當投資人普遍對風險太過容忍時，證券價格包含的是更多風險，而不是可以得到的報酬。當投資人過於風險趨避，價格就會提供比風險補償更多的報酬。

〈快樂的中點〉（THE HAPPY MEDIUM），二〇〇四年七月二十一日

在面對風險的不同態度間擺盪就是最強的一股力量，事實上，最近我把投資的主要風

㉾**羅・喬森**
馬克斯將風險與證券價格／價值直接聯繫起來，一般金融理論並不會這樣做，但這對投資人了解其中的關係非常重要。

險歸結為兩個：虧損的風險與錯失機會的風險。要大幅消除其中一個風險是有可能的，但不可能把兩個風險都消除。在一個理想的世界中，投資人會對這兩個考量做出權衡，但有時候，當鐘擺擺盪到高點時，其中一個風險會居於主導地位。舉例來說：

- 在二〇〇五、二〇〇六和二〇〇七年初，一切看來都很順利，資本市場完全開放，很少人會去想像即將出現虧損。很多人認定的風險被拋諸腦後，他們只擔心會錯失良機，因為如果華爾街推出一個新的金融神話，而且其他投資人都已經買進，而他們卻沒有買，一旦這個神話成真了，他們就會被斥為落伍而失去優勢。他們並不擔心虧錢，所以也不會堅持低價買進、要求適當的風險溢酬或是投資保障。簡單的說，他們的行為過於冒進。
- 然後到了二〇〇七年底和二〇〇八年，隨著信貸危機全面爆發，大家開始害怕全球金融體系就此崩解，再也沒有人會擔憂錯失良機，這時鐘擺擺盪到大家擔憂會虧錢的那端，因此，不管預期報酬有多少，只要帶有一點風險的東西他們都會避開，轉而投資在安全、收益率趨近於零的政府證券。因此，在這個時間點，投資人過於恐懼，太急於賣出，建立投資組合時過於保守。賽保

當事情進展順利，價格又很高時，投資人會搶著買進，忘卻所有的小心謹慎。然後，當四周情況變得混亂、資產低價賣出時，他們失去了承擔風險的意願，搶著賣出。未來就像

賽斯・卡拉曼
紐約對沖基金艾比特合夥資本管理公司（Arbiter Partners Capital Management）創辦人保羅・艾薩克（Paul Isaac）說這是「無報酬風險」（return-free risk）。

保羅・喬森
這兩個切中要害的好例子回顧投資人在二〇〇八年金融危機前幾年所犯下的許多錯誤。

這樣翻來覆去。

多頭與空頭市場三階段

在我職業生涯很早期的時候，有個經驗豐富的投資人告訴我多頭市場有三個階段，現在我來分享給大家。

- 第一階段，少數有遠見的人開始相信事情會變得更好。
- 第二階段，大多數投資人了解情況真的有改善。
- 第三階段，每個人都認為事情會永遠愈來愈好。

為什麼還有人要浪費時間去找更好的說明？這已經把多頭市場全部說完了。這裡的關鍵應該是了解其中的意義。

> ✉市場會自行其道，它的價值變化主要是由投資人的心態變化（而不是基本面改變）產生，這會導致大部分的證券價格在短期發生變化。投資人心態也會像鐘擺一樣擺盪。
>
> 當一切看起來都很嚴峻的時候，股票最便宜。㊣

保羅・喬森
這個簡短的評論進一步說明馬克斯對金融危機的看法。這少少的幾個字就點出成功投資的挑戰。對一般投資人來說，前景黯淡時，很難拿出資金進行新的投資，然而正是這樣的時刻才會有最高的潛在獲利。

黯淡的前景讓他們停滯不前，只有少數機靈和大膽搶便宜的投資人會願意建立新的投資部位。也許他們的購買行為吸引一些注意，又或許前景變得沒那麼黯淡，但是無論如何，市場開始有點起色。

不久之後，前景看來似乎沒那麼差，大家開始意識到情況有點改善，而且認為當個買家不再是那麼異想天開。當然，隨著經濟和市場遠離病危名單，他們買進股票的價格逐漸反映公平價值。

最後，投資人被沖昏了頭。受到經濟和企業表現進步的激勵，大家變得更願意斷言前景看好。投資大眾對早期投資人取得的獲利感到興奮（而且妒忌），因此想要跟進。之後他們忽略事物本質上都有周期變化，做出結論認為收益會永遠持續下去。這就是為什麼我喜歡這句名言「聰明人總是在一開始先做，最後做的總是傻子」。更重要的是，在多頭市場的末升段，一般人會假設多頭行情會天長地久，變得願意掏錢買股票。㊣霍

〈你不能預測，但可以做好準備〉，二〇〇一年十一月二十日

在我學到多頭市場三階段的三十五年之後，在次級抵押貸款的缺點（和持有他們的人）都已經暴露、大家擔心會蔓延成全球危機之後，我提出反面的空頭市場三階段：

- 第一階段，儘管普遍看多，仍有少數思考縝密的投資人認為事情不會總是那麼美

霍華・馬克斯 了解最危險的事：當投資人相信情況只會永遠愈來愈好的時候，就進入最危險的區域。這種想法毫無意義，但很多人卻因此受騙上當。這就創造了泡沫，正如反面會創造市場崩盤一樣。

好。

- 第二階段，大多數投資人了解情況正在惡化。
- 第三階段，每個人都相信事情只會愈來愈糟。

當然，我們正進入三階段中的第二階段，市場出現很多壞消息與呆帳。愈來愈多人了解到如創新、槓桿、衍生性金融商品、交易對手的違約風險和按市值計價的會計準則等固有風險，愈來愈多問題難以解決。

雖然在未來的某天我們會到達第三階段，而一般人會放棄尋找解決方案。除非金融世界真的結束，不然我們可能會迎來此生難得一見的投資機會。當每個人都忘記還會漲潮的時候，就是大底部出現的時候，那就是我們期盼的投資時機。

〈潮水退去〉（THE TIDE GOES OUT），二〇〇八年三月十八日

在寫下這些文字僅僅六個月後，市場走到第三階段，全球金融體系徹底崩盤被認為很有可能發生，事實上，崩盤的第一步已經發生，包括雷曼兄弟（Lehman Brothers）破產、貝爾斯登、美林銀行（Merrill Lynch）、美國國際集團（AIG）、房利美（Fannie Mae）、房地美（Freddie Mac）、美聯銀行（Wachovia）和華盛頓互惠銀行（WaMu）遭到接管或受到援助。這是以往從未有過的最大危機，投資人進入空頭市場的第三階段，比過去更認為「每個人都相信事情只會愈來愈糟」。因此，情勢受鐘擺的擺盪決定，出現我從沒見過的大幅震

盪——很多類型的資產在二〇〇八年的價格下跌至最低點，隨即出現投資機會，然後在二〇〇九年產生獲利。

這些事情的意義在於，這提供機會給了解正在發生什麼事並知道其中意涵的人。在鐘擺最高的那點，亦即是最黯淡的時刻，需要有分析能力、客觀、決心，甚至是想像力，才會認為事情將會變得更好。擁有這些特質的少數人能夠在低風險下賺取不尋常的報酬。但是在鐘擺的另一個高點，當一般人都想像價格會漲到不可能的水準，而且會永遠上漲時，就已經為痛苦的虧損建立位能。

一切都會相互影響，沒有哪件事是獨立事件或偶然發生。相反的，它們都是某個重複型態的所有要素，可以讓人理解，而且能從中獲利。

鐘擺不會永遠朝同個方向前進

投資人的鐘擺效應在性質上與第八章提到的景氣循環和市場循環的波動很像。由於某些理由，我發現我把它們區分開來，用不同的術語來討論，但是它們都很重要，而且都帶給我們相同重要的經驗。一九九一年寫下第一篇鐘擺效應的備忘錄之後，我累積了二十多年的經驗，現在換個方式說明我對鐘擺效應的主要觀察：

- 理論上，恐懼和貪婪是鐘擺的兩個高點，大部分時間應該停留在這兩個高點的中點，

但不會停留太久。（喬）

- 鐘擺常會在一個高點到另一個高點間來回擺盪，主要是受到投資人心態的運作。
- 鐘擺不可能持續朝向某個高點擺盪，或是永遠停在某個高點（雖然當它處在最高點的位置時，一般人會愈來愈認為這樣的狀態會長久不變）。
- 就像鐘擺一樣，投資人的心態會朝著某個極端擺盪，導致能量累積，最終朝反方向擺盪回去。有時候，積壓的能量本身就會造成鐘擺往反方向擺盪回去，也就是說，鐘擺往高點擺盪時，就會受到自己的重量影響而做出修正。
- 從高點往反方向擺盪的速度通常很快，而且比擺盪到高點的時間少很多。或許就像我的合夥人薛爾登・史東（Sheldon Stone）很喜歡說的話：「氣球洩氣要比充氣快很多。」

在多數市場現象中，像鐘擺一樣的型態肯定會發生，但是就像周期的擺動一樣，我們永遠不知道：

- 鐘擺擺動的幅度，
- 讓鐘擺停止或反轉的原因，
- 鐘擺什麼時間會反轉，或
- 接著朝反方向擺動的幅度。

（喬）喬爾・葛林布萊特
這意味著市場總是在創造機會，不論是現在還是以後。當市場的機會很少時，重要的是耐心等待。價值終究會有機會展現出來，通常不會超過一到兩年。

✉在多頭階段……要占上風，投資環境必須有貪婪、樂觀、繁榮、信心、盲從、大膽、忍受風險和冒進等特性，但是這些特性不會永遠控制市場，最終它們會屈服於恐懼、悲觀、謹慎、不確定、懷疑、小心、風險規避與保留態度……崩盤是繁榮的產物，而且我相信，把崩盤歸因於之前過於繁榮，而不是特定事件造成市場修正，通常比較正確。

〈現在怎麼辦？〉（NOW WHAT?），二〇〇八年一月十日

我們能肯定一些事，而這是其中一件：極端的市場行為會反轉，相信鐘擺會永遠朝某個方向前進的人，或是相信會永遠停留在某個極端的人，最終會損失慘重。只有了解鐘擺效應的人才能獲得最大的益處。

— 第10章 —

對抗情緒帶來的負面影響

渴望賺得更多、恐懼錯失機會、好與其他人比較的個性、群體的影響和成功投資的夢想，這些因素幾乎都普遍存在。因此，他們對大多數投資人和市場都有深遠的集體影響，結果就是出現錯誤，而這些錯誤頻繁、普遍，還會重複發生。保

保羅・喬森
這段話很好的描述大部分投資人在面對多頭市場的情緒壓力，而且就像馬克斯指出的，我們很少人對這些力量免疫。

定價錯誤、認知錯誤、其他人犯下的錯誤，這些市場的無效率會提供創造優異報酬的潛在機會。事實上，利用這些機會是保持績效超越市場的**唯一**途徑。為了脫穎而出，面對這些錯誤時，你必須站在正確的一邊。

導致錯誤決策的七種心態

為什麼會發生錯誤？因為投資是人類的行為，大部分受到心態和情緒控制。㊆許多人都有足夠的才智能夠分析資料，但是很少有人能深入觀察事物，承受心理面帶來的強大影響。換句話說，很多人都會根據自己的分析認知得到相似的結論，但卻會因為受到不同的心理影響，根據這些結論而有截然不同的行動。最大的投資偏誤並不是來自資訊或分析，而是來自心態。投資人的心態包括很多不同的要素，我們會在這章逐一探討，但要記住一項關鍵，這些導致決策錯誤的要素，很多都屬於「人性」。㊟

渴望金錢是破壞投資人努力的第一種情緒，尤其當渴望轉變成**貪婪**時更是如此。大多數的人是為了賺錢而投資（有些人把投資當成智力遊戲，或是用來證明自己的競爭力，但他們也會記錄賺了多少錢。金錢或許不是每個人追求的目標，但是這是每個人用來衡量表現的計算單位，不在乎金錢的人通常也不會投資）。

試著賺錢並沒有錯，的確，渴望獲利是讓市場和整體經濟運作最重要的一項因素，當渴望進一步變成貪婪，危險就來了。在《韋氏大字典》（*Merriam-Webster's*）中，貪婪的定義是「過度或用盡心機，而且通常是應受譴責的占有欲，尤其是在財富或獲利上」。

貪婪是一股極端強大的力量。它的力量大到能壓過常識、風險趨避、小心謹慎、邏輯、過去痛苦教訓的記憶、決心、驚恐，以及其他能讓投資人避開麻煩的要素。而且貪婪不時會讓投資人加入追逐獲利的人群中，最後付出代價。

㊆**克里斯多夫・戴維斯**
不只是心態和情緒，不當誘因也能影響法人做出負面影響的決策。

㊟**霍華・馬克斯**
了解情緒與自負的關係：心理因素對投資人有很大的影響，大多數市場崩盤都是因為任由投資人的心態決定市場波動起伏。當這些因素推動市場走向泡沫或崩盤的極端時，堅持低價買進、拒絕高價持有的卓越投資人就有機會創造更高的報酬。絕對有必要去抵制這種有害的力量。

☒貪婪和樂觀結合之後，會一再令投資人追求一些策略，例如希望能在沒有高風險下創造高報酬、付出更高的價格購買正在流行的證券，而且當價格已經太高時繼續持有，期望仍有一些增值空間。之後，後見之明才會顯示投資人錯了，他們的期望很不理性，而且忽略了風險。

〈拜託，別再後知後覺（或是說，他們到底在想什麼？）〉〔HINDSIGHT FIRST, PLEASE(OR, WHAT WERE THEY THINKING?)〕，二〇〇五年十月十七日

與貪婪相反的是**恐懼**，這是第二個我們必須考慮的心理因素。在投資界中，這個詞並不意味著有邏輯、有風險趨避意識。相反的，**恐懼**就像貪婪一樣，有過度的意思。因此，恐懼更像恐慌。恐懼是種過度憂慮，使得投資人在應該採取積極行動時沒有作為。

在我的職業生涯中，我很驚訝大家為何輕易的將**質疑拋諸腦後**。因此，我想要討論的第三個要素是，一般人很容易拋棄邏輯、歷史與悠久的常規。這種傾向使得大家接受任何能致富的可疑建議……只要這些建議說得通。查理．蒙格用希臘哲學家狄摩西尼（Demosthenes）的話向我說明這個主題：「沒有什麼事比自欺欺人容易，因為每個人只要有願望，就會相信那是真的。」相信某些基本面的限制條件不再有效，因此使得過去的公平價值概念不復重要，這正是每個泡沫與接下來的崩盤不變的核心因素。

✉在小說中，將質疑拋諸腦後可以增加我們的樂趣。當我們看電影《小飛俠彼得潘》（*Peter Pan*）時，我們並不想聽到坐在旁邊的人說：「我可以看到那些線」（即使我們知道線在那裡）。我們知道小男孩不會飛，但我們並不在乎，我們在那裡只是因為好玩。

但是投資的目的是嚴肅的，不是好玩而已，我們必須時時警戒有哪些東西在真實世界是行不通的。簡而言之，投資的過程需要強烈的懷疑……懷疑不足會造成投資虧損。事後檢視金融崩盤時，有兩句經典的話一次又一次出現：「這好得不像是真的」與「他們到底在想什麼？」。

〈拜託，別再後知後覺（或是說，他們到底在想什麼？）〉，

二〇〇五年十月十七日

是什麼讓投資人掉入這些幻覺？答案往往是因為他們在貪婪心態作祟下，拋棄或忽視過去的教訓。用約翰・肯尼斯・高伯瑞精彩的說法是，「極為短暫的金融記憶」促使市場參與者無法確認這些型態會重複發生，因此不可避免。

當相同或近似的情況一再發生，通常年輕、而且總是超級有自信的新一代投資人會大力吹捧，將其視為金融領域與更廣大的經濟世界了不起的創新發明，有時這些現象還僅相隔數年。很少有哪個人類文明領域像金融世界那樣輕忽歷史。過去

的經驗屬於記憶中的一部分，卻受到排斥，被認為只是沒有洞察力去體會當前驚人奇蹟的古老避難所。㊂

約翰・肯尼斯・高伯瑞《金融狂熱簡史》

那些大家相信能在沒有風險下就創造出高報酬、萬無一失的投資，也就是必定會成功或是帶來免費午餐的投資策略，很值得進一步討論。

✉當某個市場、某個人或某個投資技術短期創造可觀的報酬時，通常會吸引大家過多（且毫不懷疑）的崇拜，我稱這種特別的獲利方法為「靈丹妙藥」（silver bullet）。

投資人永遠在尋找靈丹妙藥，稱它為「聖杯」或「免費的午餐」，但每個人都想要一張變成有錢人而且不用承擔風險的門票。很少人會質疑這張門票是否存在，或是為什麼他們應該要得到。最重要的是，一般人永遠抱持著希望。

但是靈丹妙藥並不存在。沒有哪個投資策略可以在沒有風險下創造高報酬。而且沒有人知道所有的答案，我們都只是人。市場會高度變化，而且意外獲利的機會會隨著時間經過消失，相信靈丹妙藥近在眼前而不去懷疑的信念，最後只會導致滅亡。

〈現實主義者的信條〉（THE REALIST'S CREED），二〇〇二年五月三十一日

㊂爾・葛林布萊特

我犯過的很多錯誤，之前就已經做錯過，只是每次看起來都不太一樣，其實是同樣的錯誤稍微變裝而已。

是什麼因素讓人相信有靈丹妙藥呢？首先，這通常有個事實根源。㊢接著會編造一套聽起來很明智的理論，讓信徒到處宣傳，說服其他人。之後，這個理論偶然創造了獲利，無論是因為這個理論有點價值，或只是因為新信徒加入購買推高目標資產的價格。最後乍看之下真有一種肯定能獲得財富的方法，而且還因此造成一股熱潮。就像巴菲特二〇一〇年六月二日在美國國會的說法：「價格上漲就像一劑麻藥，影響上上下下每個人的推理能力。」但在事後，也就是事情爆開之後，這股熱潮就會被稱為泡沫。

第四個讓投資人犯錯的心理因素是**從眾的傾向**，沒有堅持己見，即使群眾的看法顯然是荒謬的。約翰・卡西迪（John Cassidy）在《市場是怎麼失敗的》（*How Markets Fail*）中，描述斯沃斯莫爾學院（Swarthmore College）的教授所羅門・艾許（Solomon Asch）在一九五〇年代所做的經典心理學實驗。艾許請很多群受試者對看到的東西做出判斷，但在每一群受試者中，只有一個人是真正的受試者，其他人都是他安排好的「暗樁」。這些暗樁會故意說出錯誤的答案，讓真正的受試者明顯受到影響。卡西迪解釋：「這樣的安排可以讓受試者真正處在為難的情況，（就像艾許說的：）『我們讓他承受兩股相反的力量：他看到的證據，以及同儕一致的意見。』」

真正的受試者有很高的機率會忽略眼前所見，說出與其他群體成員一樣的答案，即使他們很顯然知道答案是錯的。這顯示出群眾的影響力，也暗示我們，對於共識的決定應該要持保留的態度。

㊢**喬爾・葛林布萊特**
請記住，如果理論（像謠言一樣）沒有事實根源，那沒有人會在一開始就相信它們。

「就像一九五〇年代參與艾許視覺實驗的受試者，」卡西迪寫道，「很多與市場共識看法不同的人會覺得被排擠。最後看來，真正瘋狂的人似乎是那些不在市場上的人。」

一次又一次，從眾的壓力和想要致富的欲望使得大家拋棄獨立判斷與懷疑精神，壓抑與生俱來的風險趨避心態去相信不合理的事。這樣的情況如此規律的發生，一定有某個東西在運作，而不是隨機發生的影響。

第五個心理因素影響是**嫉妒**。就算貪婪的力量再負面，至少總是會激勵別人努力爭取更多獲利，但拿自己與別人比較的負面影響力量甚至更強。這是我們認為人性中最危險的一個特性。

在與世隔絕時可能很快樂的人，看到其他人過得更好時，就會覺得很悲慘。在投資界中，會發現大部分的投資人很難坐在一旁，看著其他人比自己賺更多的錢。霍

我知道有個非營利組織的捐款基金，在一九九四年六月至一九九九年六月的年報酬有一六％，但同業的平均報酬是二三％，這讓捐款基金的操盤人覺得沮喪。賽

這檔基金在這五年間沒有投資成長股、科技股、企業收購和創業投資，因此績效完全落後，但是接下來科技股崩盤，而且從二〇〇〇年六月至二〇〇三年六月，在大部分捐款基金出現虧損的情況下，這檔基金有三％的年報酬，股東們反而興奮起來。

這樣的景象肯定有問題。為什麼一般人一年賺一六％會覺得不高興，但賺三％卻覺得很高興呢？答案就在於我們有跟別人比較的傾向，而這會對原本有建設性、分析性的投資流程產生有害的影響。喬

霍華・馬克斯

了解情緒與自負的關係：驅動投資的很多因素是競爭。如果別人的績效更好，就算得到高報酬也不會覺得滿意，而如果別人的績效更糟，那就算得到低報酬也會覺得已經賺夠了。比較績效的傾向是最令人反感的。相較於絕對收益，更強調相對收益的心態，顯現出心理面如何扭曲投資的過程。

賽斯・卡拉曼

即使是最好的投資人，也是根據報酬來評估自己的表現。很難用風險來評估表現，因為風險不能衡量。很顯然，風險趨避的捐款基金經理人對相對報酬感到失望，即使他們在接下來的三年表現中，風險調整後的報酬看起來相當不錯。這只是要強調，當短期表現被認為不好的情況下，要長期維持信念有多麼困難。

喬爾・葛林布萊特

這非常重要。大部分的法

第六個關鍵影響是**自負**。面對下列這些實際情況，想要保持客觀和精打細算其實是極大的挑戰：

- 我們評估和比較的是短期的投資績效。
- 在多頭行情時，做出增加風險這種不適當、甚至輕率的決定常會帶來最好的報酬（而且大多數的時間都是多頭行情）。
- 最好的報酬會給自己帶來最大的獎賞。當事情做對的時候，覺得自己很聰明，而且其他人也同意這點是件很開心的事。(霍)

相較之下，深思熟慮的投資人會埋頭苦幹，在市場多頭時賺取穩定的報酬，在市場空頭時比其他人虧得少。他們會避開高風險的行為，因為他們知道不懂的事情還有很多，而且他們會壓抑自負的心態。在我看來，這是長期創造財富的最好公式，但這在短期並無法滿足自負的心態。強調謙虛、謹慎和控制風險並不是一條光鮮亮麗的路，當然投資不該追求光鮮亮麗，但大家卻常常這麼認為。

最後，我要提到一個現象，我稱之為**投降心態**，這是在周期的後期會固定看到的投資行為。投資人會盡可能的堅持自己的信念，但是當無法抗拒經濟或心理壓力時，他們就會舉手投降，跟上流行。

一般來說，會進入投資產業的人都很聰明、受過良好訓練、消息靈通，而且善於計

人和散戶會拿他們的報酬與基準標的比較，因此最後只會追隨群眾投資，其實搞錯重點了。

(霍)華・馬克斯

了解情緒與自負的關係：投資是一個充滿自我的世界，特別是糟糕的投資。由於在上漲的市場承擔風險可以得到獎勵，因此為了透過獲取高額的報酬來引人注意，自負能讓投資人積極行動。但是我知道最好的投資人尋求的是風險調整後最好的報酬……而不是名聲。在我看來，通往成功投資的路上，投資人的特徵通常是謙虛，而不是自負。

算。他們精通商業和經濟的細微之處，也了解複雜的理論。很多人都能針對投資價值和前景做出合理的結論。

但另一方面，心理面與群眾的影響也會跟著加入。很多時候，資產價格過高，而且還在進一步上漲，或是價格過低，而且還持續下跌。最終，這些趨勢會讓投資人的心態、信念和決心動搖。別人因為你拒絕買進的股票獲利，你選擇買進的股票卻每天都在低價盤旋，而且你原本認為不安全、不明智的投資概念，例如投資在熱門的新上市股票、沒有盈餘的高價科技股、高槓桿的衍生性抵押商品，每天都被大肆宣揚與傳播。

隨著價格過高的股票繼續上漲，或是價格過低的股票繼續下跌，應該更容易去做出正確的事，那就是賣出價格過高的股票，以及買進價格過低的股票，但投資人並不會這樣做。自我懷疑的傾向與其他人成功的消息混合形成一股強大的力量，使投資人做出錯誤的事情，而且當這個趨勢持續的時間更長時，力量就會變得更強，這是我們必須對抗的另一種影響因素。㊟霍

渴望賺得更多、恐懼錯失機會、好與其他人比較的個性、群體的影響和成功投資的夢想，這些因素幾乎都普遍存在。因此，他們對大多數投資人和市場都有深遠的集體影響，在市場出現極端情況時特別如此。結果就是出現錯誤，而這些錯誤頻繁、普遍，還會重複發生。㊟霍

霍華・馬克斯

投資人都害怕看錯。資產價格過高是源於投資人高估並支撐資產價值的行為。當價格上漲到「正確的」水準，或是當你感覺價格已經太高要賣出時，你都不該預期這個流程會暫停。通常上漲或下跌的列車會衝得更遠，而且最初的資產價格判斷會更像是錯的，而不是對的，雖然這可以理解，但難以忍受。

霍華・馬克斯

了解情緒與自負的關係：大部分朝向極端泡沫或崩盤都是以某個事實為基礎，通常還有合理的分析……至少一開始是如此。但是心理力量會導致這些結論攙雜錯誤，而市場會因為這些結論走得更遠。最嚴重的市場虧損源自於心態偏差，而不是分析錯誤。

科技泡沫的教訓

你會覺得上面的所有情況只是過於理論、有些理論可能對你不適用嗎？我誠摯希望你是對的，但如果你懷疑理性的人難道不能戰勝情緒的破壞性力量，那我可用四個字來提醒你：「科技泡沫」。我之前提過一些瘋狂時期的證據，證明當投資人無視價值與價格間合理關係的需求時會發生的事。是什麼讓他們拋棄常識？有些是我們在這裡討論過的相同情緒，例如貪婪、恐懼、嫉妒、自欺欺人、自負。讓我們回顧那時的情況，並且來看看投資人的心態如何運作。

一九九〇年代是股市全盛時期，當然也有些日子和月份表現不好，一九九四年還出現利率大幅調升這樣的打擊，但是標準普爾五百指數從一九九一至一九九九年每年都上漲，而且每年平均報酬有二〇・八%。這些結果讓投資人有足夠樂觀的情緒，樂於接受多頭行情。

在這個年代的初期，成長股的表現比價值股好一點，或許是一九八〇年代價值股表現太好以致漲幅有所收斂，而這也增加投資人高度重視企業成長潛力的意願。

投資人變得受科技創新迷惑，寬頻、網路和電子商務似乎都在改變世界，而且科技業和電信企業家深受推崇。

結果科技股上漲，吸引更多買盤，又進一步帶動上漲，和往常一樣，這個過程呈現出一個勢不可擋良性循環。

在大多數的多頭市場，看似符合邏輯的理論都會扮演一定的作用，而以下理論也不例外：因為科技公司的表現優秀，所以科技股會比其他股票的表現都好。很多科技股被納入指數成分股中，反映出它們對經濟日漸重要。這讓需要模擬指數的指數基金與主動管理型指數基金投資人（closet-indexer）買進更多科技股，而主動型投資人（active investor）也跟著買進。更多人會建立 401(k) 退休計畫帳戶＊，而 401(k) 帳戶的投資人會提高投資組合中股票的比重，以及科技股在股票投資的比重。為了這些理由，科技股必須持續上漲，而且必須表現得比其他股票好，因此它們會吸引更多買盤。所有現象都在短期實際發生，讓人咸信這個理論。

首次公開發行（Initial public offerings, IPOs）的科技股在上市第一天就上漲一〇〇％，甚至一〇〇〇％，看起來就像是穩賺不賠的投資，因此參與新股認購成為全民狂熱。

從心理學的角度來看新股的認購熱潮特別有趣，整個過程像是這樣：隔壁同事告訴你他認購一檔股票，你問他那家公司在做些什麼業務，他說不知道，但營業員告訴他發行那天股價會漲兩倍，你說這太荒謬了。一周後，他告訴你股價沒有漲兩倍……而是漲三倍。不過他還是不知道那家公司在做些什麼業務。這樣的事情發生幾次之後，你就很難抗拒賺錢的誘惑。你知道這並不合乎常理，但你又不想繼續讓其他人覺得你像個傻瓜。所以，有個典型的投降心態例子，下一次某家公司公開發行時，你會買進幾百股……當像你這樣改變心態的新買家加入購買之後，本來就很高的股價因此漲得更高。

投資在成功新創公司的創投基金吸引很大的關注與大筆資金，Google 上市那年，當初提供種子基金的創投基金單靠這項成功的投資賺得三五〇〇％的報酬。

＊401(k)退休計畫是美國的一套退休金福利制度，鼓勵私人企業員工建立退休計畫帳戶，提撥薪資到這個帳戶投資，享有延後課稅的優惠。

科技股投資人表現出的卓越才智受到媒體大加讚譽，最不受經驗與懷疑限制的人賺的錢最多，他們常常都只有三十幾歲，甚至才二十幾歲，從未有人點出他們也許只是因為處在非理性市場而受益，並非擁有過人的聰明才智。

還記得我在前面提到所有泡沫都從幾分真實開始嗎？「科技真的有很大的潛力」為剛剛描述的情境撒下真實的種子，因此產生看多的理由就是肥料，而正在上漲、看來似乎不會停止的多頭漲勢則讓情況更為嚴重。

✉當然，所有對科技、電子商務和電信股的狂熱都來自於公司有改變世界的潛力。我完全不懷疑這些進步正在徹底改變我們已知的生活，或是只要花上幾年工夫就能讓世界的面貌大不同。挑戰在於指出誰將是贏家，以及他們在今天的真實價值……

現在說科技、網路、電信股的股價太高，即將下跌，就好比不自量力地擋在貨運火車前面，但必須說，它們已經從巨大的榮景中受益，應該要以懷疑的態度來評估。

〈網路泡沫公司〉，二〇〇〇年一月三日

二〇〇〇年一月寫下這篇備忘錄後不久，科技股支撐不了這麼高的股價，開始崩盤，甚至並沒有哪個特定事件引發。突然間，股價漲得太高需要修正的態勢變得很清楚，當某個投資流行退燒時，《華爾街日報》通常會製作一張表格顯示造成的虧損，其中代表性的股票會跌九〇%以上。然而，當科技股泡沫破裂時，這張表格顯示的虧損超過九九%。自大蕭條之後，整體指數第一次遭遇連續三年下挫，而科技股和一般股票看起來不再那麼特別。

當我們回顧過去這十年發生的事，會看見過度吹噓的科技發展確實改變世界，贏家企業有巨大的價值，而像報紙和CD這樣的商品受到嚴重影響。但同樣明顯的是，投資人在泡沫期間拋棄常識，忽略了一些事實：並不是所有企業都能成為贏家；提供免費服務並不容易獲利，可能會有一段漫長的震盪期；以及（在沒有任何盈餘下）利用高倍數營收來評估虧錢公司的股票會帶來很大的危害。（喬）

貪婪、興奮、不合邏輯、將質疑拋諸腦後與忽略價值讓大家在科技泡沫中付出很多金錢代價，再順便一提，這還讓很多聰明、有紀律的價值投資人在泡沫破滅前的那些年月看起來像傻瓜一樣，當然，泡沫最後還是破滅了。（霍）

要在泡沫中避免虧損，關鍵在於當貪婪和人性偏誤造成利多消息廣泛宣傳而使股價被高估，或是利空消息被忽視時，拒絕參與投資。要做到這些事並不容易，因此很少有人能全身而退。同樣的理由，當市場崩盤，瀰漫過度的恐懼時，投資人應該要避免賣出股票，或是說最好應該要買進股票（這提醒我要強調，泡沫能夠自己產生，不見得一定要出現在崩盤之前，但崩盤必然是泡沫造成的結果）。

大多數的人很難在科技泡沫時抵抗買進的誘惑，即使在信貸危機重挫很深的時候；抵抗賣出的誘惑也很難，如果這時仍想買進就更難了。在多頭市場沒有買進，最糟的情況只是

（喬）爾・葛林布萊特

這不禁讓我想起巴菲特對航空經濟那段著名的話。航空業是龐大而有價值的創新，但這並不表示這是一項好的商業投資。巴菲特說，一個真正的資本家會射下萊特兄弟（Wilbur）在北卡羅萊納州吉地霍克（Kitty Hawk）的試飛飛機，為航空業的資金破壞史寫下一筆。

（霍）華・馬克斯

了解最危險的事：樂觀的感覺，有時又被稱作動物本能，就是造成資產價格過高的主要因素。有紀律的價值投資人看起來像是悲觀主義者、愛抱怨的人或是老頑固……直到後來證明，他們是少數能夠避開虧損的投資人。

讓你看起來像個落伍者，得承擔機會成本。但是在二〇〇八年崩盤時，如果你在下挫期間沒有賣出，可能會承受無止境的虧損。世界末日也許真的可能發生。㊍

最後，面對這些會促使投資人做出蠢事的心理因素，可以做些什麼？學會看懂它們，這是鼓起勇氣抗拒它們的第一步，然後要認清現實。相信自己不會受到本章描述的力量影響的投資人很有可能會咎由自取。如果它們對別人的影響可以大到撼動整個市場，為什麼不會影響你？如果一個多頭市場強大到能讓成年人忽視價值估計已經過高，並拒絕相信世界上不可能有台會永遠運轉的機器，為什麼它不會對你產生相同的影響？如果有個虧損永無止境的故事強大到影響其他人廉價賣出股票，這個故事怎麼不會讓你做出相同的事？

相信我，當每個人都在買進、專家都樂觀看待行情、上漲的理由被廣為接受、價格正在上漲，而且承擔最大風險的人都獲得巨大報酬時，你會很難抗拒在高點買進的心態（站在賣方更難）。相反情況也是如此，在大盤的低點時，持有或買進股票似乎會有全盤虧損的風險，很難抗拒賣出的心態（站在買方更難）。㊍

就像本書描述的其他事情一樣，這沒有簡單的解決方法。沒有哪個公式會告訴你市場已經走到不理性的極端，沒有哪個簡單的工具能讓你只做出正確的決定，沒有哪個魔法藥丸能保護你對抗毀滅性的情緒。就像查理・蒙格所說：「事情並沒有那麼簡單。」

你可以準備什麼武器來增加自己的勝算？以下是橡樹資本的作法：

- 對實質價值有強烈的覺察；㊎

霍華・馬克斯
了解情緒與自負的關係：拒絕加入群眾犯錯的行列就像其他在投資時要注意的事項一樣，需要控制心態和自負。這是最難的事，但是帶來的報酬也很巨大。掌握投資的人性面並不足以成功，但是結合熟練的分析可以達到最大的成果。

霍華・馬克斯
投資人都害怕看錯。記住，你不會在一個封閉空間裡犯錯。因為其他人的行為會造成資產價格大幅偏離。也許有一段時間你看起來是錯的，而群體成員看起來（和感覺）是對的。與其他人落差太大是非常銷磨意志的過程，而且也會給你帶來很大的壓力，儘管這很正常。

喬爾・葛林布萊特
少了這一點，投資人就沒有了投資立足點。對實質價值有著強烈的覺察是抵

- 當價格偏離價值時，堅持做該做的事；
- 對過去的周期有足夠的了解，這可以先從閱讀以及與經驗豐富的投資人聊天開始，接著可以透過經驗累積。市場表現得太超過最終是個懲罰，而不是獎勵；
- 透徹了解當市場出現極端情況時，投資過程的潛在負面影響；
- 務必記住，當事情似乎「好到不像是真的」，那通常不是真的；
- 當市場價值愈來愈錯估（而且一定會如此），要能接受其他人認為你看錯市場的眼光；還有
- 向想法相同的朋友與同事尋求支持（而且你也要支持其他人）。

這些方法未必有效，但可以讓你有放手一搏的機會。

擋心理因素影響投資行為唯一的方法。不能評估公司或證券價值的投資人，不會有成功的商業投資和前景（除非很幸運）。這聽起來很簡單，但很多投資人卻缺之這樣的認識。

第11章

反向投資

在別人沮喪拋售時買進、在別人興奮搶買時賣出，全都需要最大的勇氣，但也會提供最豐厚的獲利。

約翰・坦伯頓爵士（Sir John Templeton）

大多數投資人都可以用**趨勢追隨者**（trend follower）來描述，不過卓越投資人的作法完全相反。現在希望我已經讓你相信，優異的投資需要第二層思考，這是與其他人不同、更複雜、更具洞察力的思考方法。從定義上來看，大多數的人都欠缺這一項，因此，成功的關鍵並不在群體的判斷，相反的，我們要對抗的應該是趨勢，也就是市場共識，而且需要避開市場共識的投資組合。隨著鐘擺擺盪，或是說隨著市場的周期循環，最終成功的關鍵就在於做出相反的事。

這就是華倫・巴菲特經常被引用的名言：「當別人愈不謹慎處理他們的事務時，我們就

應該愈謹慎處理我們的事務。」他鼓勵我們採取和別人相反的作法，做個反向投資人。保

✉與其他人做相同的事會讓你暴露在市場波動下，有時還會因為他人和自己的行動讓波動加大。當大家都驚恐地衝下懸崖時，屬於其中一員當然不好，但這需要少見的技巧、洞察力和紀律才能避免。

〈現實主義者的信條〉，二〇〇二年五月三十一日

保羅・喬森
反向投資是成功的價值投資人很重要的技巧。然而我發現培養這個技巧最重要的要素就是經驗。要教導反向投資是一大挑戰。

群眾犯錯的邏輯很清楚，而且幾乎可以用數學驗證：

- 從多頭市場到空頭市場，從價格過高到價格過低，市場都會劇烈擺動。
- 這樣的變動是受「群眾」或「大多數人」的行為驅使。多頭市場會發生，是因為想要買進的人比想要賣出的人多，或是說買家比賣家有更強的意願。隨著一般人從賣家轉為買家，而且隨著買進動能比賣出動能還強勁，市場就會上漲（如果買家沒有居於主導地位，市場就不會上漲）。保
- 市場出現極端情況時就來到轉折點，這會發生在多頭走勢和空頭走勢達到最大的時候。打個比方來說，當最後一個人願意成為買家的時候，高點就會發生。而在達到高點的時候，每個買家都已經加入群體看多的行列，多頭無法再繼續走下去，而市場也達到高點極限，這時買進或持有股票都很危險。

保羅・喬森
對於要如何使用反向投資來圖利自己，這項關鍵洞察力是最好的方法。

• 如果沒有人加入看多的行列，市場就會停止上漲，而且如果隔天有一個人從買家變成賣家，就會開始下跌。
• 所以在這個由「多數人」信念所創造的極端情況下，大多數的人都是錯的。
• 因此，成功投資的關鍵必須是做出相反的事，那就是遠離群眾。只有確認其他人犯錯的投資人，才能夠透過反向投資獲得巨大利益。

✉我們不時會看到瘋狂的買家或恐懼的賣家，他們急於買進或賣出，造成市場過熱或急凍，而且讓價格處於無法持續的高點或離譜的低點。當然，市場與投資人的態度和行為，在「快樂的中點」停留的時間相當短。

既然這樣，我們應該要怎麼做？加入群眾，並在周期的高點時參與市場，對財務健全顯然有危害，當熱情的買家控制市場，推動價格到從未看過的高點時，就創造市場的極端高點。當恐慌賣家主導市場，經常願意以嚴重偏低的價格賣出資產時，就創造市場的低點。

「低買高賣」是句古老名言，但是迷失在市場周期的投資人常常做出相反的舉動。適當的作法應該是採取反向行為：在群眾討厭時買進，在群眾喜歡時賣出。

「一生只會遇上一次」的市場極端似乎每隔十年就會出現一次，發生次數沒有多到投資人能夠以此為生，但對任何投資人來說，試著這樣做應該都是操作時重要的部分。㊋

㊋爾・葛林布萊特
我喜歡這個想法。極端情況（或更準確的說，機會）往往比看來合理的頻率更常發生。你無法在這種情況下抓住底部或高點，卻會讓你覺得痛苦和困難。

別認為這很簡單。你需要有能力去檢測價格有沒有顯著偏離實質價值。你必須有足夠強大的勇氣去對抗傳統智慧（傳統智慧是最矛盾的說法），而且要抵抗「市場總是有效率、因此一定正確」的神話。你必須根據這種堅決的行為累積經驗，而且必須得到理解與容忍的客戶支持。在等待勝利的時候，如果沒有足夠的時間度過極端情況，你就會變成最典型的市場受害者，就像一個六呎高的男人在渡河時被平均五呎高的河水淹死那樣。(喬)

但是，如果你警覺市場會如鐘擺般擺盪，就有可能認出那偶然現身的機會，而且好好抓住。

〈快樂的中點〉，二〇〇四年七月二十一日

(喬)爾．葛林布萊特 巴菲特和馬克斯有個最好的概念，長期來看，市場會回到正確的位置，但短期你必須先活下來，才到得了。

反向投資的困難

接受反向投資的廣泛概念是一回事，拿來應用又是另一回事。一方面，我們不知道鐘擺的擺動幅度有多大、不知道反轉的確切時間，以及接著朝相反方向會擺盪到多遠？

另一方面，我們能確定的是，一旦達到最極端的位置，市場最終會擺盪回中點（或超過中點），相信鐘擺永遠會朝同個方向前進，或是會在到達極端位置時就停在那裡的投資人必定會很失望。

然而，再一方面，由於很多因素的變化會影響市場，沒有任何工具絕對可靠，即使反向投資也是如此。

- 反向投資並不是一個讓你每次都賺錢的方法，很多時候，市場並沒有過於高估或低估到值得參與。㊁
- 即使市場處於極端，很重要的是要記住，「價格過高」與「明天就開始下跌」完全不同。
- 市場價格會過於高估或低估，而且會停在那裡很久，甚至好幾年。
- 當趨勢對你不利，你會非常痛苦。㊂
- 有時候，當「人人」得出「群眾都是錯誤」的結論時，我認為這時反向投資顯然變得過於熱門，因此反向投資才會被錯認為是群眾行為。
- 最後，只與群眾做出相反的事是不夠的，在前面描述反向投資帶來的很多困難下，你必須根據理性和分析，才能從背離群體思維中確認是否有潛在獲利的可能，你必須做的事不只是與群眾做出相反的事，還要知道群眾為什麼是錯的。只有這樣你才能強力堅持自己的看法，加碼更多看似錯誤、而且虧損可能高於獲利的投資標的。

大衛・史文生（David Swensen）是耶魯大學的校產基金經理人。耶魯大學校產基金的投資表現十分出眾，而史文生在過去二十年來對校產基金投資的影響遠遠大於其他人。一九八〇年代耶魯大學開始運用他那高度不尋常的投資思維後，就成為校產基金的投資典範。他曾

㊁喬爾・葛林布萊特
我會這樣說，沒有人跳到高速公路上一台貨車的前面，並不表示你就應該與其他人相反，跳進去。

㊂賽斯・卡拉曼
在這裡，記住葛拉漢和陶德的教導特別重要。如果你看著市場的成績單，持有的股票每天都在下跌，這會讓你感覺像個失敗者，但是如果你記得你對商業還有一些興趣，而且每天能以最大的折扣購買物超所值的商品，也許你能維持快樂的心態。這正是華倫・巴菲特在一九七三至一九七四年市場被空頭蹂躪時逢低買進的描述。

用優美的文筆描述反向投資的相關困難：

> 成功的投資需要堅定持有與公眾輿論不同而讓人不安的部位，隨意投資會隨意引起反向結果，這會讓投資經理人陷入買高賣低的風險，只有透過一個強大的決定程序所創造出的自信，才能讓投資人賣出過於投機的股票，買進因大眾絕望而價值低估的股票
>
> ……主動型的管理策略需要法人做出非制式的行為，這是很少人指出的矛盾。建立和維持非制式的投資組合需要接受一個令人不安而特殊的投資組合，即使在傳統智慧的眼中常常顯得太過輕率。
>
> 《創新投資組合管理》（*Pioneering Portfolio Management*），二〇〇〇年

最終獲利最高的投資行動，就是我們定義的反向投資：當其他人都賣出（而且價格很低）的時候你買進，或是當其他人都買進（而且價格很高）的時候賣出。㊝保

就像史文生的說法，採取這些行動會讓人覺得孤獨、不安。怎麼知道與這個行為的相反作法，也就是群眾行為是個讓人安心的作法呢？因為大部分的人都這麼做。㊝霍

㊝保羅・喬森
按照馬克斯這裡的建議去做，你會成功得到很好的報酬。

㊝霍華・馬克斯
投資人都害怕看錯。這裡使用一些特別的字：非制式、特殊、輕率、孤獨、不安，可以讓你了解維持與群眾共識相反的立場是多大的挑戰。但是想要得到優異的投資表現，這種作法絕對必要。

對「好到不像是真的」抱持懷疑

✉我發現投資最有趣的事就在於它的自相矛盾，不知有多少次看似明顯、每個人都同意的事最後都證明不是對的。

我不是說大家接受的投資智慧時而有用、時而沒用。實際情況更為簡單，而且更有系統：大多數的人並不了解傑出潛在獲利是來自怎樣的投資流程。

事情很清楚，投資人的廣泛共識幾乎總是錯的……一項投資標的背後凝聚的公眾輿論很容易會消除它的獲利潛力……拿一項「每個人」都相信是個好概念的投資來說吧，在我看來，單就定義而言就不是如此。

- 如果每個人都喜歡這項投資，可能是因為它一直表現很好。大多數的人似乎認為，直到現在都有傑出表現，就是未來也會有傑出表現的預兆。實際上，更有可能的情況是，直到現在的傑出表現已經反映未來情況，因此這是未來表現欠佳的預兆。㊢
- 如果每個人都喜歡這項投資，很有可能價格已經受人吹捧到某個程度，未來上漲的空間相對較少（當然，很有可能從「價值高估」到「價值高估更多」，但我不期望這種事情發生）。
- 如果每個人都喜歡這項投資，很有可能這個領域已經被徹底開發，而且有太多資

㊢**喬爾・葛林布萊特**
這非常簡單，而且很有洞察力。

金流入，已經沒有太多便宜標的留下來。

- 如果每個人都喜歡這項投資，當群眾改變集體心態，轉而退場，就有價格下跌的顯著風險。

- 卓越的投資人會知道而且買進市價低於應有價格的投資標的，而只有在大多數的人都沒看到投資價值時，市價才會低於應有的價格。約吉・貝拉有句名言說：「沒有人再去那家餐廳了，那裡人太多了。」這就像是說「每個人都了解那項投資是個便宜標的」這句話並不合理。如果每個人都了解那個東西，他們會買進，這樣價格就不再那麼低……買進每個人喜歡的東西並不會賺到大錢，買進每個人都低估的東西才會……

簡而言之，投資要有優異表現，有兩個要素：

- 看見其他人沒有看見或賞識的一些優點（而且還沒有反映在價格上），以及

- 這個優點後來證明是對的（或至少會被市場接受）。

從第一個要點可以很清楚知道，投資流程必須先從投資人非比尋常的洞察力、非制式作為、打破舊習或及早行動開始。這是為什麼有人會說，成功的投資人大多數時間是孤獨的。

〈每個人都知道〉，二〇〇七年四月二十六日

二〇〇七至二〇〇八年全球信貸危機是我見過最大的一次崩盤，從這個經驗學到的教訓很多，這是我在不只一章討論這些教訓的原因。對我來說，「懷疑心態也需要反向思考」這個教訓讓我有新的理解。我並不常對事情有所領悟，但是我在懷疑心態這個主題的確有所領悟。

每次泡沫破滅時，多頭市場會崩盤，或是靈丹妙藥失效，我們會聽到大家為自己犯的錯誤哀嘆，抱持懷疑心態的人會高度警覺，試著在事前辨識假象，避免掉入接受假象的群眾行列。所以，對投資有懷疑心態的人會抗拒投資流行、多頭市場熱潮和龐式騙局。

我在二〇〇八年十月中旬有這個頓悟，那時已經接近全球信貸崩盤最低點。我們從沒想像過可能會看到或聽到的事情全都發生了：

- 雷曼兄弟、貝爾斯登、房地美、房利美和美國國際集團不是破產，就是接受紓困。
- 市場擔憂高盛集團（Goldman Sachs）和摩根士丹利（Morgan Stanlay）可能無法生存下去，股價出現巨幅下跌。
- 美國國庫券的信用違約交換價格持續上漲。
- 因為大量資金尋找安全避風港，使得短期國庫券利率接近於零。
- 我想這是大家第一次意識到美國政府的金融資源其實很有限，而且印鈔票和解決問題

的能力也很有限。

✉在雷曼兄弟破產後，情況立即明顯……局勢還在惡化，而且沒有人能看出這一局會怎麼結束、何時結束。這真的是個問題：就算可能的情境再悲觀，也有人相信會發生，而其中如果攙雜一點樂觀的要素，就會被認為太過樂觀而慘遭排斥。當然有一點是對的：沒有什麼事不可能。但是在面對未來時，我們必須考慮到兩件事：什麼事情會發生，以及事情發生的機率。

在危機期間，很多糟糕的事情似乎都可能會發生，但這不意味著它們即將發生。在危機中，一般人並無法做出區分……

四十年來，我見過投資人的心態在狂熱和沮喪間瘋狂地擺盪，不論是在恐懼與貪婪間、在樂觀與悲觀間，還是在輕信與多疑間，這些我們都知道。一般來說，跟隨群眾的信念，而且隨著鐘擺擺動，長期來看會帶給你平均報酬，在極端行情時則會把你洗出場……㊋

如果你相信每個人都相信的故事，你就會去做他們在做的事。通常你會買在高價，賣在低價。你會陷入「靈丹妙藥」能夠在沒有風險下帶來高報酬的神話，你會買進表現很好的股票，賣出表現較差的股票。而且你會在崩盤時遭遇虧損，還會錯失谷底反彈的行情。換句話說，你是一個隨波逐流的投資人，而不是特立獨行的投資人；你是一個跟隨趨勢的投資人，而不是反向投資的投資人。

✎㊋**喬爾・葛林布萊特**
投資人的情緒在二〇〇八年十月處於極端狀態。股票的估價難以置信的便宜，而且預期會得到很好的報酬。事實上，接下來兩年的股市報酬驚人，不幸的是，在股市反轉（二〇〇九年三月）前，股價比二〇〇八年的低點還要下降二〇%。

想要檢視資產負債表、觀察金融工程的最新奇蹟或不容錯過的故事，抱持懷疑心態是必要條件……只有抱持懷疑心態的人能夠分辨出哪些是聽起來不錯、實際上也是如此的東西，以及聽起來不錯但實際上不好的東西。我知道最好的投資人都顯示這樣的特性，這絕對必要。

因為很多不好的事情發生，讓原本被認為不太可能（並非絕不可能）的信貸危機揭開序幕，同時間也讓採用高槓桿的投資人出現問題。因此有個簡單的解釋說，一般人會受到信貸危機傷害是因為他們缺乏足夠的懷疑或悲觀。

但這讓我領悟到一件事：**懷疑和悲觀並不是同義詞**。在過度樂觀的時候，懷疑心態會要人悲觀；但是在過度悲觀的時候，懷疑心態會要人樂觀。

隨著信貸危機在上週達到高點……我發現很少人是樂觀的，大多數的人或多或少都有些悲觀。沒有人抱著懷疑的心態，或是會說：「這個恐怖故事不像是真的。」上週他們沒有做的事就是積極買進證券，所以股價一跌再跌，一次就跌好幾點，這種情況舊的說法就是「跳空下跌」。

照常理來說，關鍵在於對「每個人」說的話和做的事抱持懷疑心態，負面的故事也許看來很吸引人，但是很少人相信還有正面的故事，而且仍然會有最大的潛在獲利。

〈負面心態的局限〉（THE LIMITS TO NEGATIVISM），二〇〇八年十月十五日

對「糟得不像是真的」抱持懷疑

✉錯誤的地方很清楚，群眾在高點的時候很樂觀，在低點的時候很悲觀。因此，為了獲利，我們必須在高點樂觀蔓延的時候，以及在低點悲觀主導的時候，抱持懷疑的心態。

〈檢驗標準〉，二〇〇九年十一月十日

抱持懷疑心態通常包括在對的時間說出：「不，這好得不像是真的。」但是在二〇〇八年我領悟到，有時候懷疑心態會要我們說出：「不，這**糟得**不像是真的。」回想起來，這似乎顯而易見。

很多在二〇〇八年第四季蕭條時期購買的不良債券，十八個月後得到五〇％至一〇〇％、甚至更高的報酬率。在那樣艱難的情況決定買進是極端困難的事，但是當我們了解到，幾乎沒有人在說「不，事情沒有那麼糟」，做出買進決定就很容易。在那個時刻，保持樂觀並出手買進就是反向投資的基本表現。

小心熟練地接掉下來的刀子

我看過最好的投資都有個共同的主軸，他們通常都會反向投資、勇於挑戰，而且讓人

不安，雖然經驗豐富的反向投資人對於他或她處在群眾外圍甘之如飴。㊢霍

舉例來說，每當債券市場崩盤時，大多數的人會說：「我們不會試著去接掉下來的刀子，那太危險了。」他們通常還會補充說：「我們會等到事情塵埃落定，不確定性都解決之後再說。」當然他們的意思是，他們很害怕，不確定該做什麼。

有件事我可以確定，當刀子停止落下，塵埃便已經落定，不確定性都解決了，那時已沒有獲利最豐富的便宜標的留下來。當買進某件商品讓人再次覺得放心的時候，價格就不再低到有便宜可撿了。賽

因此常常有個矛盾，獲利巨大的投資，一開始都是讓人不安的。

身為反向投資人，我們的工作是小心熟練地接住掉下來的刀子，這就是為什麼真實價值的概念如此重要。如果我們對價值的看法能夠讓我們在其他人賣出的時候買進，而且如果我們的看法證明是正確的話，就是在最低風險下獲得最高報酬的途徑。

霍華・馬克斯
投資人都害怕看錯。其實不只應該要忍受孤獨和不安的處境，還要大加慶祝。通常身為群眾的一員才需要擔心，特別是在鐘擺擺盪到高點的時候。

賽斯・卡拉曼
隨著大量拋售即將結束，不只是價格會反彈，要大量買進也會更困難。

第12章

找出便宜標的

在大多數人不願做的事情中，常常可以找到最好的機會。

聰明建立投資組合的過程包括買進最好的投資；賣出較不好的投資，將投資部位留給最好的投資；以及與最糟的投資保持距離。在這過程中的要素包括：①一份潛力投資標的清單；②估計潛力投資標的的真實價值；③對目前價格與真實價值的比較；以及④了解每項投資標的的風險與納入投資組合的影響。㊈

> ㊈克里斯多夫・戴維斯
> 這是很好的歸納。

第一步通常是確保正在評估的投資標的滿足某些絕對標準，即使是經驗豐富的投資人也不會說：「只要東西夠便宜我就買。」更多時候，他們會列出一張符合選股最低標準的投資觀察名單，從中選擇最便宜的標的，這就是這一章要討論的內容。

舉個例子，一個投資人也許剛開始會將投資觀察名單縮小到只納入風險在可接受區間的投資標的，因為個別投資人可能無法放心某些風險。像是在快速變動的科技界中技術落後的風險，以及熱門的消費性產品可能退流行的風險，有些投資人會認為這些風險可能超出他們的專業範圍；或是投資人可能發現絕對不要投資某些公司，因為它們的產業太難預測，或是它們沒有充分透明的財報。

強調資產要落在某個特定的風險區間並不是無理的要求，市場認為超級安全的證券可能只提供不怎麼樣的報酬，但超級不安全的證券可能會超過投資人能夠容忍的風險。換句話說，不論價格高低，總有投資人不願意去碰的投資標的。㉉

不只投資人不要承受這些風險，他們的客戶也不要他們承受這樣的風險，特別是在法人圈，經理人很少會聽到：「這是我的錢，你就拿去做你想做的投資。」基金經理人的工作不只是投資在有潛在獲利的投資標的，還要給客戶想要的東西，因為大部分在法人工作的基金經理人都是受聘來針對特定資產類型和投資風格執行業務。㉉

如果客戶是因為某項投資標的找上門，那不論其他投資有多吸引人，經理人去投資都不會得到好處。舉例來說，如果一個投資經理人是因為高品質、大型價值股的專業來吸引客戶，那投資在高科技新創公司股票就會讓業務招攬產生風險。

因此，建立投資組合的出發點不可能毫無範圍限制，有些投資標的是真的經過實際考量後才納入投資，有些則不是。

㉉克里斯多夫・戴維斯
這補充說明馬克斯之前討論價格與風險的關係。

㉉克里斯多夫・戴維斯
這很實際的描述基金經理人的工作，但是我仍然認為經理人不該太過謹慎是很重要的事，因為這種態度很容易感覺不到市場的整體風險或爭議。

選出最好的投資標的

把「可行的投資範圍」（feasible set）訂出來之後，下一步是從中選擇投資標的。作法是找出潛在報酬對風險比率（ratio of potential return to risk）最高的投資標的，或是最物超所值的投資標的。這是編輯葛拉漢和陶德《證券分析》新版的席德·柯特（Sid Cottle）告訴我的，他的看法是：「投資是相對選擇（relative selection）的修煉。」三十五年來這句話一直在我心中。

席德這句簡單的話中有兩個重要訊息，第一，投資過程必須有嚴格紀律；第二，投資過程必須有所比較。不論價格處於低檔還是高檔，預期報酬率因此是高是低，我們都必須從中找出最好的投資標的。因為我們不能改變市場，所以如果我們想要投資，只能從現有的可能選擇中挑出最好的投資標的，這就是相對決策（relative decision）。（喬）

便宜標的是怎麼產生的？

是什麼要素構成我們尋找的優異投資標的？就像我在第四章描述的，主要是價格問題。我們的目標不是找出好資產，而是找出好的買進標的。因此你買什麼並不重要，你付多少錢才重要。（克）

一個高品質的資產可能是好的買進標的，也可能是不好的買進標的，低品質的資產也

（喬）爾·葛林布萊特

有些投資經驗顯示，可能可以比較目前看來相對便宜的投資機會，以及過去價值評估相對便宜的投資機會，這樣的話，目前在可行的投資機會中顯示相對便宜的投資機會，就能夠與未來前景看好的便宜投資機會拿來比較。

（克）里斯多夫·戴維斯

這取決於上面提過的風險和選擇標準。

是如此。將客觀優點視為投資機會的心態，以及無法成功分辨好資產與好的投資標的，就是讓大多數投資人陷入危機的原因。㊍

因為尋找的是好的買進標的，因此我在這章的主要目標是解釋怎樣買到好的投資標的。一般來說，這意味著價格相對比實質價值便宜，而且與風險相較有潛在的高報酬。那這些標的為什麼會有辦法那麼便宜？

在第十章，我以科技股熱潮的例子來說明，一個好的基本面概念如何轉變成高價泡沫的過程，這通常是從一個客觀有吸引力的資產開始。隨著大家愈來愈贊同這個看法，他們想要持有的意願就會增加。他們會投入資金，導致價格上漲。接著大家把上漲的價格當成是值得投資的信號，所以他們會買得更多。其他人開始知道有這個資產，紛紛加入投資，於是上漲的趨勢在表面上就產生一個勢不可擋的良性循環。這主要是一場人氣競賽，而被大家熱議的資產就是贏家。

如果走勢持續夠久，而且得到的推力夠大，這項投資就會變成泡沫，而這些泡沫讓深謀遠慮的投資人可以做出很多賣出和放空的操作。

便宜標的的形成過程大部分的時候與這相反，因此為了能找到它們，我們有必要了解造成資產備受冷落的原因。這不必然是經過投資分析產生的結果。事實上，很多便宜標的根本不是投資分析所產生的結果，這意味著重要的是要考量背後的心理力量，以及驅動它們所產生的人氣變化。

所以，是什麼造成價格比實質價值便宜，而且與風險相較有潛在的高報酬？換句話

㊍克里斯多夫・戴維斯
沒錯！

說，是什麼讓一件東西賣出的價格比應該有的價格還便宜？

- 不像能產生狂熱的資產，有潛力的便宜標的常會顯出一些客觀缺點，某類資產的發展可能疲弱、資產負債表顯示可能過度舉債、公司與同業相較可能落後，或是某個證券可能無法提供持有人足夠的結構性保護。
- 由於效率市場設定公平價格的過程需要懂得分析的人與客觀的人參與，因此，便宜標的常常是在不理性或資訊不完全了解的基礎下出現。當投資人沒有考慮到資產的公平價格，或是沒有穿透資產表層徹底了解，或是沒有克服某些不以價值為基礎的傳統、偏見或限制的時候，便宜標的就會出現。
- 不像市場寵兒，受人嫌棄的資產會被忽略或蔑視。在媒體或雞尾酒會提到它的時候，只是不討人喜歡的名詞。㊢
- 通常它的價格在下跌的時候，第一層思考的人會問：「誰會想要它？」〔必須重申，大多數投資人會用過去的表現推斷未來，預期趨勢會持續，而不是用**趨向平均數的迴歸**（regression to the mean）這種更可靠的預測來判斷，第一層思考的人很容易把過去的價格低落視為是種擔憂，而不是當成資產變得便宜的信號。〕
- 因此，一項便宜的資產往往是高度不受歡迎的資產，資金會遠遠避開或逃離，而且沒有人想得出理由持有。

㊢**斯・卡拉曼**
一般來說，愈有汙名或愈讓人反感，就愈會是便宜標的。

下面有個例子，說明當某類資產不流行時，如何創造出便宜標的。

☒過去六十年來，相較於股票的深受歡迎，債券的情況截然相反。債券第一次陷入低潮是在一九五〇和一九六〇年代股市獨占鎂光燈焦點的時候。一九六九年底，第一國家城市銀行停止公布每週彙總的債券數據，用黑框凸顯「最後一期」這個標題。在一九七〇年代高利率的環境下，債券發行嚴重萎縮，即使一九八〇和一九九〇年代利率穩定下跌，在股票有著高額收益下，債券完全沒有翻身的希望。

到了一九九〇年代後期，如果只投資債券、不投資股票，就感覺有個東西會拖累績效表現。我身為慈善機構投資委員會主席，看著在另一個城市的姊妹組織把多年來股債比的資產配置從二〇／八〇調整為一〇〇／〇。我可以想像一個典型的法人會說出下面這段話：

「我們將少部分的資金配置在固定收益資產，我不能告訴你為什麼，這是歷史的偶然。前任確立了這樣的比例，但是當初會這樣決定的理由已經不成立，現在我們正在考量要降低債券的持有比重。」

即使在當今這個年代，一般人對於買進股票的興趣不高，也少有資金流入高評等債券，債券人氣持續下降的原因部分來自於葛林斯潘（A. Greenspan）主掌的聯準會，它們持續利用低利率來刺激經濟，並對抗像千禧年恐慌等外在衝擊。就算國庫券和高評等債券的殖利率達到三％至四％，對追求八％報酬率的法人來說實在沒什麼吸引力。

〈裙襬效應〉（HEMLINES），二〇一〇年九月十日

當上述的過程持續夠久，而且債券數量減得夠少之後，債券被重新定位，成為表現優異的投資標的，所有能做的都只是等待環境改變，對安全的需求高過追求上漲潛力，而且這通常發生在一個資產上漲一段時間之後，投資人突然看出債券的吸引力，卻發現持有不夠多的時候。而更早發覺的投資人常會因為這種型態而獲利。

便宜標的的產生條件

公平價格的資產從來不是我們的目標，因為可以合理得出一個結論：它們只會帶來承受風險下的公平報酬。當然，價格過高的資產並不會帶給我們任何好處。

我們的目標是找出價格過低的資產，那應該要去哪裡找呢？一個好地方是從下面列出的條件開始，如果這些資產：

- 很少人知道或不被完全了解；
- 表面上有基本面疑慮；

- 有爭議、不合時宜或讓人恐慌；
- 被視為不適合納入「正規」投資組合；
- 不受重視、不受歡迎，而且不被喜愛；
- 過去可追溯到的報酬不好；以及
- 最近成為減碼標的，而不是加碼標的。㊣保

如果要歸結成一句話，我會說，便宜標的會存在的必要條件是：「感受」必須遠比「現實」差很多。這意思是指，在大多數人不願做的事情中，常常可以找到最好的機會。畢竟，如果每個人都對某件事感覺良好，而且樂於參與，就不會有便宜的價格。

一九七八年我在花旗銀行工作時，從證券研究轉向資產配置管理，我很幸運，被要求負責的資產類型符合上述一些條件，甚至全部都符合。我的第一個任務是負責可轉換證券，與現在相比，這是一個很小、而且被低估的停滯市場，因為他們提供投資人股票和債券的好處，但只有體質不佳的大集團、鐵路公司和航空公司在走投無路的時候才會發行，主流投資人覺得投資商品不需要這麼複雜，他們也許會說，如果你想要享有股票和債券的優點，為什麼不去買些股票和債券就好？而且如果你喜歡這家公司，為什麼不去買它的股票，得到全部收益，反而去投資混合型的防禦性商品？不過，「每個人」都感覺某個東西沒有優點的時候，就有合理的理由去懷疑它是不是不受喜愛、沒人追捧，而且可能價格過低。這就是為什麼一九八四年《商業週刊》有篇提到我的文章還畫線強調下面這句話：「真正的男人不會買

保羅・喬森
這是非常好的「採買清單」。

可轉換證券，只有像我這樣的膽小鬼才會便宜買進。」

後來到了一九七八年，我被要求募集一檔高收益債券基金，這種低評等證券有**垃圾債券**（junk bond）不雅稱號，而且不符合大多數投資機構必須投資在「投資級以上」或「評等A級以上」的最低要求。垃圾債券也許會違約，所以怎麼可能適合退休基金或捐款基金持有呢？而且如果一檔基金因為買進投機等級的公司債，結果那家公司破產了，基金管理人如何能逃過尷尬和指責，畢竟他們事先已知道這樣的投資有高風險。㊁克

有個明顯的線索可以找到這些證券的潛力，有家評級公司描述這些評等B級的證券「普遍缺乏值得投資的特性」。現在你應該會很快的詢問，怎麼有人會在沒有參考價格的情況下就否定某一類已經發行的潛在投資商品呢？㊁賽

從這些債券接下來的發展顯示：如果沒有人擁有某檔債券，需求（和價格）只會抬升；而且只要投資人從「完全不投資」改為「勉強持有」，績效表現就會非常好。

最後在一九八七年，我的合夥人布魯斯・卡西（Bruce Karsh）、薛爾登・史東帶著一個好點子來找我，打算募集一檔投資不良債券的基金。有什麼比投資在破產公司或被視為很有可能破產公司的債券更不恰當、更不受人敬重呢？誰會投資在被證實缺乏財務可行性而管理失當的公司呢？任何勇於負責的人怎麼會投資在發展已經急轉直下的公司呢？當然，考慮投資人的行為，在某個時間點被認為是最糟的資產，在當時很有可能最為便宜。㊁保

投資在便宜標的上並不需要要求投資標的擁有高品質，事實上，如果品質低到讓投資人害怕避開，反而更是便宜標的。

克里斯多夫・戴維斯
報章雜誌的頭條風險（headline risk，譯註：指如果不利的事件登上報章雜誌頭條，就會衝擊股價的風險）也一樣適用。

賽斯・卡拉曼
更廣泛的說，這是所有評級機構的問題。假定資產的安全能夠吸引不做功課的投資人，使他們成為擁有傳統智慧的終極買家。諷刺的是，評等下調一般發生在市場已經發現問題存在的時候，使得相信資產評等的投資人遭受很大的虧損。

保羅・喬森
這是找出便宜標的很好的檢驗方法。

這裡提到的每類資產大都滿足本章之前提到的檢驗標準。它們很少人知道、不被了解，而且不被看重。沒有人會為它們說句好話，每項資產就像第十一章的大衛・史文生所言，令人不安而特殊、而且顯得太過輕率……因此，接下來二十年或三十年，這每一類資產都有很好的表現。我希望這麼多例子能給你一個很好的概念，告訴你可以去哪裡找出便宜標的。㊢

㊢**喬爾・葛林布萊特**
馬克斯的描述概述了一般價值投資與特殊投資的機會。

善用第二層思考

由於便宜標的以不合理的低價提供價值，因此相對於風險有不尋常的報酬率，它們代表著投資人的聖杯。因為第二章提出的理由，這樣的交易不會在效率市場出現。然而，我經歷過的每件事都告訴我，便宜標的並沒有規則可循，那些想要消滅它們的力量常常徒勞無功。

我們是主動型投資人，因為我們相信我們能辨認出更好的機會，擊敗市場。換句話說，我們獲得的很多「特別交易」好到不像是真的，避開它們才是成功投資的關鍵。因此，如同很多事情一樣，驅使一般人成為主動型投資人的「樂觀心態」與對有效市場假設產生的「懷疑心態」必須取得平衡。

很顯然投資人會因為心理面的弱點、分析錯誤，或是拒絕參與某個不確定的領域而犯錯。這些錯誤能幫助運用第二層思考的人看出其他人的錯誤，創造便宜標的。

—第13章—

耐心等待時機

市場並不是一部樂於助人的機器，不會只因為你需要高報酬就提供給你。

知名投資大師彼得．伯恩斯坦

全球金融危機這波繁榮與蕭條的循環提供機會，讓我們可以在二〇〇五年到二〇〇七年初以高價賣出股票，然後到二〇〇七年底至二〇〇八年以恐慌的價格買進。對抗周期的反向投資人有千載難逢的好機會可以脫穎而出。從很多方面來看，這是一生難得出現一次的機會。但是我在這章想要強調的是，不是總有好事情等著要去做，有時我們發揮辨別能力，採取相對消極的行動，反而會最有貢獻。耐心等待，等待便宜標的出現，常常是我們最好的策略。㊎

所以這裡有個忠告：如果等待投資機會前來，而不是在投資機會後面追趕，你會做得更好。如果你在賣家的出售清單中挑選買進標的，而不是抱持固定觀念只想持有某些商品，

㊎**羅．喬森**
馬克斯在這章提供最好的智慧。這個挑戰在於，很多投資人弄不清何時該採取行動，增加價值，事實上，所有研究都提到，大部分的投資人在建立投資組合時都交易太多。綜合這些挑戰，顯然人類天生並不是很有耐心。

你會買到更好的東西。一個把握機會的人會因為價格便宜而買進，在價格不低的時候買進並不稀奇。

在橡樹資本，我們有句名言是：「我們不尋找投資標的，而是投資標的找上我們。」我們試著不採取行動，不會帶著「購物清單」出門，相反的，我們會等待電話響起。如果我們打電話給某個擁有X的人說：「我想要買你手上的X。」那X的價格就會上漲。但是如果某個擁有東西的人打電話來說：「我被X套牢了，想要出脫。」那X的價格就會下跌。因此，與其主動交易，我們比較喜歡伺機而動。

在任何時間點，投資環境都是特定的，我們除了接受並在其中挑選投資標的之外，再無其他選擇。不是總有鐘擺或周期達到極端的情況讓我們放手一搏，有些時候，市場在貪婪和恐懼、樂觀和悲觀、輕信與多疑間已經取得平衡，投資人很明顯不會犯錯。大多數的東西看起來都是公平定價，價格沒有過高或過低，在這樣的情況下，也許沒有很便宜的標的可以買進，或者是沒有出現誘人的賣出價格。㊟

成功投資的要件是先確認市場條件，並根據這個條件決定我們的行動。其他可能的作法，像是在沒確認市場情況下就採取行動、不管情況如何都採用相同行動，或是相信我們能些微改變市場情況，這些作為都很不明智。我們必須根據呈現在我們眼前的情況進行投資，這樣才完全合理。事實上，其他做法都不合理。

我會得到這個結論，其實背後有個哲學基礎：

㊟**喬爾・葛林布萊特**
對專業投資人來說，這是最難掌握的專業：每天辛勤工作，但都沒採取行動。

✉在一九六〇年代中期，華頓商學院的學生都必須修一個非商業的輔系，為了達到這個要求，我修了五門日本研究的課。讓我驚訝的是，這些課成為我大學生涯中很重要的部分，而且對我後來建立投資理念有很大的幫助。

早期日本文化有項珍視的價值是「無常」。對我來說，「無常」的典型定義是理解「法輪的轉動」，這暗示著接受必然出現的起伏改變……換句話說，無常是指周期會起起伏伏，事情會來來去去，環境也會在不受我們控制下改變，因此我們必須理解、接受、配合，進而做出回應，這不就是投資的本質嗎？

……過去已經過去，無法恢復。過去造就我們現在面對的處境，我們能做的只有理解我們的處境，並在這特定的條件下，做出最好的決定。

〈事實就是這樣〉（IT IS WHAT IT IS），二〇〇六年三月二十七日

華倫・巴菲特的投資哲學在精神層面上比我的哲學稍微淡化一點，他用棒球來說明，而不是無常：

✉在波克夏海瑟威一九九七年的年報中，巴菲特談到史上最厲害的一個打擊手，有「閃亮瘦皮猴」（Splendid Splinter）稱號的泰德・威廉斯（Ted Williams）。造就他成功的一個因素是他對自己參與的比賽有深入研究。他將好球區分成七十七個棒球大小的方格，把他在打擊區的表現畫出來，他得知只有打擊落在「甜蜜點」的

球，平均打擊率才會很好。當然，即使知道這點，他也不能成天等待落點最好的球出現，如果他讓三個好球進來沒揮棒，他就會被三振出局。

早在一九七四年十一月一日《富比世》的文章中，巴菲特就強調，投資人只要了解這個道理就很有優勢。因為投資人不會被三振出局，並不需要被迫採取行動，他們可以放掉很多機會，直到看到遇上一個非常好的機會出現。

「投資是世界上最棒的事業，因為你可以不必揮棒。你站在打擊區，投手投來四十七元的通用汽車（General Motors）、三十九元的美國鋼鐵（U.S. Steel），沒有人會判你三振出局。這裡沒有懲罰，只有機會。你只要整天等待你喜歡的好球，然後當外野手想睡覺的時候，往前一踏，把球擊出去。」㊢

〈你的策略是什麼？〉（WHAT'S YOUR GAME PLAN?），二〇〇三年九月五日

對投資而言，最好的一件事是，只有做出失敗的投資才會受到真正的懲罰，當然，如果沒有做出失敗的投資，就不會有懲罰，只會有報酬。而且即使錯過一些成為贏家的機會，懲罰還是可以忍受。㊫

錯過成為贏家會得到什麼懲罰？嗯，投資人通常會相互競爭，而且會為錢競爭，因此沒有人會完全舒坦的看待自己失去的獲利機會。

對於收費管理其他人金錢的專業投資人來說，承擔的風險更高。如果他們錯失太多機會，而且在多頭行情時報酬太低的話，投資經理人會受到客戶的極大壓力，最後失去工作。

㊢喬爾・葛林布萊特

我常想到這樣的比喻（特別是當我感覺有點懶散的時候）。

㊫賽斯・卡拉曼

然而，選股的標準很重要。如果設定的標準太高，你可能老是在市場外；如果設定的標準太低，你可能幾乎隨時都處於滿手狀態，這和你完全沒有設定標準毫無差別。經驗和多方思考是設定選股標準的關鍵。

而這很大的程度取決於客戶的習慣作法。（克）

橡樹資本一向清楚表明我們的信念：相較於失敗的投資，錯失投資機會實在不足掛齒，因此，我們的客戶都會將風險控制的考量放在全力追求利潤的前面。（喬）

在低報酬環境別想賺到高報酬

站在打擊區，球棒靠在肩上，這就是巴菲特對耐心等待時機的看法。只有在可控制的風險下出現獲利機會時，球棒才應該舉起，揮擊出去。在這方面，選擇是否揮棒的一個方法，是盡可能的確定我們正處在一個低報酬的環境，還是在一個高報酬的環境。

幾年前，我用一個寓言適當比擬低報酬環境，這個寓言叫作〈貓、樹、胡蘿蔔和棒子〉。貓是投資人，牠的工作是應對投資環境，而樹就是環境的一部分。胡蘿蔔則是讓投資人接受風險增加的誘因，代表風險較高的環境似乎應該提供較高的報酬。而棒子則是放棄只求安全的動機，代表較安全的環境會提供普通的預期報酬。

胡蘿蔔引誘貓咪採取高風險策略，到更高的枝頭去尋找晚餐（追求的目標報酬），棒子則趕貓到樹上，因為留在地面得不到晚餐。

棒子和胡蘿蔔雙管齊下，讓貓爬到樹上，直到抵達最高的地方，處在最危險的位置。可以觀察的關鍵是，即使在低報酬的環境中，貓還是常常在不知情的狀況下追求高報酬，而且忍受風險增加的後果。

克里斯多夫・戴維斯 有效管理客戶的關鍵，大部分的意思總是要降低客戶的期望。

喬爾・葛林布萊特 我們也許會注意五十或七十種投資標的，從中找出少數比較好的。如果我們買進六種投資標的，卻失去十五種我們應該要投資的標的，也不會認為這是損失。

債券投資人稱這個過程叫「追求高收益率」（reaching for yield）或「追求高報酬」（reaching for return）。這種行為一般會出現在安全投資標的的報酬下降的時候，因為要取得在市場上漲前習慣獲得的報酬率，於是投資人投資在風險較高的信貸商品。為了維持相同的報酬而承擔較大的新風險，這種模式常常在周期中重複出現。追求高報酬的投資人座右銘似乎是：「如果你不能從安全的環境中得到需要的報酬，就透過高風險投資來取得吧。」

我們可以在二〇〇〇到二〇一〇年之間看到這樣的行為：

✉（信貸危機之前的日子裡，）投資人抵抗不了槓桿的引誘，他們借來便宜的短期資金，而且期限愈短愈便宜（如果你願意承諾按月還錢，你就能得到便宜的資金）。他們拿這些錢去買低流動性和（或）有基本面風險的資產，因為這些資產有更高的報酬。而世界各地的法人接受華爾街對「證券化」和「結構化」這兩個「靈丹妙藥」的新承諾，認為這兩個靈丹妙藥能在低風險下提供高報酬。表面上看來，這些投資很合理，他們承諾的絕對報酬讓人滿意，利用槓桿投資的報酬比付出的資金成本還高。這個結果非常好……只要沒有麻煩的事情發生。但和往常一樣，追求獲利會使人犯錯。預期報酬看起來不錯，但可能出現的結果會包括一些難應付的後果。很多科技和結構化商品的成功，依賴的假設是未來前景看來像過去一樣，但我們依賴的很多「當代奇蹟」並沒有經過驗證。

〈這次沒有不一樣〉，二〇〇七年十二月十七日

值得注意的是，我們早年看到的頂尖同業，到今天已經有很多不再是主要對手（或已經退出這行）。有些因為組織或商業模式有問題而走得跌跌撞撞，其他則因為堅持在低報酬環境下追求高報酬而消失。

當投資機會不想現身的時候，你不可能簡單創造出來。堅持永遠得到高報酬是最愚蠢的事，這個過程還會吃掉獲利。你的希望並不會讓事情變出來。

當價格很高時，不可避免會讓預期報酬變低（而且風險變高）。㊀克

㊀克里斯多夫・戴維斯
再說一次：高價買進既會增加風險，也會降低報酬。

這句簡單的話對適當的投資組合提供一個很好的指引，我們要如何實際應用這樣的觀察呢？

二〇〇四年我寫了一篇備忘錄，標題是〈今天的風險和報酬〉，就像第六章提到的，我在那篇文章裡說明兩個觀點：①資本市場線「低而平坦」，這意味著幾乎所有市場的預期報酬處於我們從沒見過的最低點，風險溢酬也縮到最小；而且②如果預期報酬應該提高，很可能是透過價格下跌才會發生。

但是困難的問題在於，我們能做什麼？幾個星期之後，我提出幾個可能的作法：

✉要如何應對一個看來只提供低報酬的市場呢？

- **照樣投資，假裝沒這件事**。這樣的問題在於「許願並不會成真」。簡單的說，當拉高的資產價格表明無法提供傳統的預期報酬時，假裝沒這件事根本毫無意義。我很高興彼得・伯恩斯坦寫信回應我的備忘錄，他說了這句很棒的話：「市場並不是一部樂於助人的機器，不會只因為你需要高報酬就提供給你。」㊂
- **不管怎樣，還是去投資**。試著在目前的處境下接受相對報酬，即使這樣的絕對報酬並不吸引人。
- **不管怎樣，還是去投資**。忽略短期風險，專注在長期風險。這並不理性，特別是如果你接受一種概念：市場時機和戰術性資產配置很困難。但是在這樣做之前，我建議你要先得到投資委員會或其他投資成員承諾可以忽略短期虧損，
- **保留現金**。但是這對需要達到精算假設或資金動用比率的人來說很困難，這些人要讓金錢無論何時都能「充分運用」，如果他們必須長期看著其他人賺錢，他們會覺得不舒服（或因此失去工作）。㊄
- **將投資集中在「特定利基和特定的人上面」**，正如我在過去幾年不斷宣揚的那樣。但是隨著你的投資組合規模成長，愈來愈難這樣做了。再說要能認出真正卓越、有天分、重視紀律，而且能夠持盈保泰的經理人當然不容易。

說實話，面對少得可憐的預期報酬和風險溢酬，對投資人來說，這個問題並沒有簡單的解答，但我強力認為有個行動是個典型錯誤，那就是追求高報酬。

㊂喬爾・葛林布萊特
這是很好的說明。

㊄賽斯・卡拉曼
最近幾年，保留現金完全不受青睞，結果最後只能成為反向投資人。

今天，在低風險那端缺乏預期報酬，而且把進入高風險那端視為大肆宣傳的解決方案，讓很多投資人將資金移往更高風險（或至少是不那麼傳統）的投資標的。但是①他們做出這樣更高風險的投資，正好是在投資的預期報酬率處於史上最低點的時候；②他們接受風險遞增所得到的投資報酬增加則是史上最少；而且③他們參與的投資是過去預期報酬很高時不會進行（或很少進行）的投資，這也許正好是藉由增加風險來追逐報酬的錯誤時機。你是在其他人遠離風險的時候增加風險，而不是在他們跟你競爭的時候承擔風險。㊇

〈他們又來這套了〉（THERE THEY GO AGAIN），二〇〇五年五月六日

顯然，這篇備忘錄寫得太早。二〇〇五年五月並不是離開這讓人忙得團團轉的市場最好的時機，二〇〇七年五月才是。走在時代的前面、太早的好意提醒，只會帶來痛苦。儘管如此，二〇〇五年五月過早離場，還是比二〇〇七年五月仍然在市場上好得多。㊇

買進被迫賣出的資產，報酬最高

我一直試著清楚說明投資環境對投資結果有極大的影響。從低報酬環境擠出高報酬需要抵抗潮流前進，找出相對較少的贏家標的，而這必須建立在高超技巧、高風險承受度與好運氣互相結合的基礎上。

㊇斯・卡拉曼
這凸顯為了達到報酬要求而產生的投資陷阱，就像企業的退休基金被迫做的事那樣。試著積極賺取報酬不只不能讓你達到目標，還會因為投資在高風險標的，增加虧損的機會，而且害你短期承受虧損，讓問題更為嚴重。

㊇爾・葛林布萊特
高價值投資標的的股價通常會比預期走得更高、走勢更持久，這常會讓有紀律、有耐心的價值投資人持續感到挫折。

換句話說，高報酬的環境提供以低價購買、獲得慷慨報酬的機會，而且通常能在低風險下賺得報酬。以一九九〇、二〇〇二和二〇〇八年的危機為例，我們的基金不只賺得不尋常的高報酬，甚至也感覺到投資的標的虧損機率很小。

絕佳的買進機會出現在資產持有人被迫要賣出的時候，而在那樣的危機下，這樣的人為數眾多。一次又一次，資產持有人因為下列這些原因被迫成為賣家：

- 他們管理的基金面對贖回的壓力。
- 他們持有的投資組合違反投資規定，像是信用評等不符最低標準或是超過規定的持有比例。
- 因為資產價值無法滿足與借款人訂定的合約要求，所以收到追繳保證金的電話。㊣

我已經說過很多次，積極投資管理的真正目標是用低於價值的價格買進投資標的，這是效率市場假說認為我們做不到的事。這個理論的反對理由似乎很合理：為什麼會有人得用便宜的價格賣出東西呢？尤其是潛在的賣家訊息充分而理性的時候？

一般來說，可能的賣家會在好價格與盡快賣出之間做出平衡，而被迫強制賣出的賣家就卡在他們別無選擇，如同有把槍抵在頭上，不管價格多少都得賣出。如果你是交易的另一方，**不管價格多少**這幾個字可說是世界上最漂亮的字。

如果只有一個資產持有人被迫要賣出，因為有數十個買家等著買進，交易價格也許只

㊣**羅・喬森**
這很有趣。雖然馬克斯只是暗示，不過投資人應該要避免因為這些理由落入被迫賣出資產的處境。

會些微下降。但是如果恐慌蔓延，很多人同時被迫要賣出資產，卻很少有人能提供足夠流動性的時候，價格急殺、信貸撤回、交易對手或客戶恐慌等強制賣出的困境，就會對大部分投資人產生相同的影響，在這樣的情況下，價格就會跌到低於真實價值。

二〇〇八年第四季就是恐慌蔓延、需要流動性的絕佳例子。讓我們把焦點放在槓桿投資工具持有的優先銀行債權（senior bank loan）上，因為這些債權擁有高評等，在危機發生的幾年前可以無條件的安排信貸，因此很容易借來大量金錢以提高債務的槓桿投資，將預期報酬放大。採取「融資」交易的投資人一般會同意，當擔保品價格從一美元降到八十五美分時，要額外追加資金，過去的經驗顯示這樣的作法很安全，因為像這樣的債權從沒有用低於「面值」（也就是一美元）的價格交易。

信貸危機來襲後，對運用銀行債權槓桿投資的投資人來說，每件事都變了（而且因為那些所謂安全債權的收益率實在太低，所以幾乎每個買家都採用槓桿投資來增加預期報酬）。債權價格下跌，流動性枯竭，由於太多投資人借錢融資購買，因此信貸市場出現緊縮，影響很多債權持有人。可能的賣家大量增加，但用現金購買的買家消失。隨著難以取得額外的信貸，沒有新的槓桿投資買家能夠進一步吸收這些賣單。

當價格跌到九十五美分、然後是九十美分、八十五美分，每個投資組合都來到追繳令的「觸發點」時，銀行就會打電話要求追繳保證金，或是要求增資。在那樣的環境下，很少投資人有資源或膽量增資，因此銀行會接管並清算投資組合。標售競價（BWIC，念作「bee-wick」，是「bid wanted in competition」的縮寫）債券成為常態。投資人會在下午接到標售競價通知，告知隔天早上要拍賣競標的債券。不過只有很少買家會低價競標，他們都希望能便宜買進（沒有人需要擔心標價太低，因為這次標售後還會有下一次）。銀行並不擔心標售價格沒有達到公平價格，它們只需要足夠的收入來抵銷放出的貸款（或許只要七十五美分或八十美分就夠了）。超過的金額會還給投資人，只是銀行並不在乎價格能否抬得更高，因此債券的標售競價都是以低到不可思議的價格成交。

最後債權的價格跌到六十幾美分，每個無法得到額外資金的短期信貸投資人很可能會被斷頭，銷售價格荒謬的低。在二〇〇八年，優先銀行債權指數（senior bank loan indices）的下跌幅度超過次順位的高收益債券指數（subordinated high yield bond indices），確切的發出無效率的信號。你可以買進第一順位債權，只要發行公司最後的價值是一、兩年前收購價的二〇%至四〇%，就能保本。保證收益率非常高，而且事實上很多這種證券在二〇〇九年急遽升值。

這就是耐心等待機會的人採取行動的時機，而且能夠這麼做的人，主要是在二〇〇六年和二〇〇七年已經知道風險存在，而且做好一切準備、等待時機的人。

在危機期間，關鍵在於①遠離被迫賣出的力量；以及②處於買家的位置。(保)

為了滿足這些標準，投資人必須遵循下面的作法：堅信價值、少用或不用槓桿、擁有長期資金與強大的忍耐力。在反向投資的心態和強大資產負債表的支持下，耐心等待，就能在崩盤時得到驚人的獲利。

(保)羅・喬森
雖然遵循這個關鍵是極端的挑戰，但這還是很好的建議。

—第14章—

認清預測的局限

預言家有兩種：一種是無知的人，另一種是不知道自己無知的人。

《金融狂熱簡史》作者約翰·肯尼斯·高伯瑞

想到自己不知道一些事實在令人害怕，但是更害怕的是想到，世界基本上是被一群相信自己確實知道會發生什麼事的人控制。

諾貝爾經濟學獎得主阿莫斯·特佛斯基（Amos Tversky）

虧錢的人有兩種，一種是什麼都不知道的人，另一種是什麼都知道的人。

華爾街著名經濟學家亨利·考夫曼（Henry Kaufman）

我選擇三段引言來開始這一章，其實還有上萬條名言可以用在這裡。在我的投資方法中，意識到預測的局限也是必要的成分。

我堅定的相信，要知道未來的總體情況很困難，而且很少人比別人擁有更優異的知識，可以規律地將其轉化成投資優勢。然而，我在這裡要提醒兩件事：

- 我們專注的範圍愈小，就愈有可能得到知識上的優勢。在努力工作與精進技術下，我們能持續比其他人知道更多個別公司和證券的情況，而要在整個市場和經濟體做到這件事的可能性很低。因此，我建議投資人試著去「知道自己有能力知道的事」。
- 這個建議有個例外，就是投資人應該要努力知道正處在周期和鐘擺的哪個位置，這我會在下一章詳細說明。儘管這不會讓曲折迂迴的未來變得可知，但是能幫助你為可能的發展做好準備。

我不打算證明「未來並不可知」這個主張，你無法證明一個否定的觀點，當然也包括這個主張。不過，我還沒有碰到一直可以提前知道總體情況的人，你不妨追蹤每個經濟學家和策略專家，他們大部分時候的看法都是對的嗎？㊦

㊦羅・喬森

我會用下面這段話來總結這一章的內容：面對自己的預測要非常小心，對其他人的預測更是如此。我認為這章的訊息對學生非常重要。他們大部分在二十幾歲到三十出頭的時候都會過度信任自己的能力，特別是在預測未來上。不論我提出再多減損預測價值的證據，大多數的學生畢業後都毫無畏懼。我可以確定，馬克斯認為不可能持續創造有價值的預測，這個優異的看法不只有這些學生會從中獲益。

沒有人能長期準確預測

我對這個主題的「研究」（我用引號是因為我在這個領域的努力實在有限，而且都不算是嚴肅的研究，只能說是軼聞）主要是參與一些預測，然後觀察這些預測是否無效。我把結果寫成兩篇備忘錄：一九九三年二月十五日發表的〈預測的價值，或是問這雨從哪裡來？〉（The Value of Predictions, or Where'd All This Rain Come From?）＊，以及一九九六年八月二十二日發表的〈預測的價值2，或是該說下去領賞吧〉（The Value of Predictions II, or Give That Man a Cigar）。在第二篇備忘錄中，我使用《華爾街日報》半年公布一次的經濟調查來檢驗預測的有效性，我蒐集了三次的資料，結果如下。

第一，預測通常是正確的嗎？答案很明顯不是。平均來說，九十天國庫券利率、三十年債券利率、日圓對美元匯率六個月與十二個月的預測值與實際情況相差一五%，長期債券利率六個月的預測值平均比實際數值差了九十六個基點⋆（差異大到讓價值一千美元的債券產生一百二十美元的誤差）。

第二，這些預測有價值嗎？能夠正確預期到市場變化的預測是最有用的，如果你預期有些事情不會改變，而且也沒改變時，這樣的預測不太可能讓你賺更多錢，但是準確預測到市場變化能帶來非常多的利益。在《華爾街日報》的調查中，我發現幾個主要的市場變化完全沒有被預測到（當時如果有準確預測，可以幫助投資人賺錢或避免虧損），包括一九九四年和一九九六年的利率上升、一九九五年的利率下降，以及美元對日圓匯率的大幅波動。總

＊馬克斯寫這這篇備忘錄的原因是當時美國西部的降雨量出現異常，於是開始有報章雜誌提出將出現長期乾旱，而近五年的乾旱只是個開端，但是乾旱開始前沒人注意，乾旱快結束時又出現長期乾旱的預測，所以有了這個副標。

⋆一個基點等於〇．〇一%，所以九十六個基點等於〇．九六%。

之，預測提到的改變與實際改變並沒有太大相關。

第三，這些預測的來源是什麼？這裡的答案很簡單：大部分的預測都運用外推法＊。平均來說，預測值會落在當時數字上下五％的水準內。這些經濟學家就像很多預言家一樣，在開車時緊盯著後照鏡，告訴我們事情在哪裡發生，而不是事情會往哪個方向去。這證實了那句古老的諺語：「很難做出準確的預測，尤其牽涉到未來。」所以，「預測過去很容易」這樣的推論也是正確的。

第四，這些預言家有準確預測過嗎？答案很肯定是有的。例如在每次的半年預測報告中，有些人能把三十年債券收益率控制在十或二十個基點的誤差內——即使利率大幅變動。贏家的預測遠比誤差在七十到一百三十基點的共識預測準確得多。

第五，如果預言家有時是對的，而且準確得受人矚目，那為什麼我還會對預測抱持著負面看法呢？因為一時的準確不重要，重要的是長期持續的準確。

我在一九九六年的備忘錄中接著提到「面對贏家預測，你該再三謹慎思考的兩件事」。第一，除了準確預測那次之外，他們常常預測不準確。第二，在調查期間，他們有一半的時間沒有贏得預測，而且他們的預測常常比不準確的共識預測還要離譜。當然，最重要的並不是數據，而是結論（假設他們正確，能夠變成一般情況）和產生的後果。

☒想要讓預測有時候正確，一個方法是一直看漲或一直看跌，只要你能堅持一個觀點夠久，遲早會是對的。而且你如果總是個外行人，你就有可能會因為一個別人

＊外推法是根據過去到現在的數據來推測未來情況，有多種推測方法，但簡單的說，如果過去到現在的數據平均是上漲的，那未來的數據預測也會是上漲的。

沒有預測到、與傳統極端不同的準確預測而得到讚許。但是這並不表示你的預測經常會產生價值……

偶爾準確預測到未來的總體情況是很有可能的，但這不會經常發生。一個對六十四位預言家的調查，發現其中只有幾個的預測正確，這樣的調查並不會有什麼好處。尤其是這種每半年一次的調查，每次能夠準確預測的經濟學家都不同，那就更難相信這樣的集體預測有什麼價值。

〈預測的價值2，或是該說下去領賞吧〉，一九九六年八月二十二日

預測的價值很小

上面對預測的討論說明了我們面對的兩難情況：投資結果將完全取決於未來發生的事，雖然在情況「正常」的時候，我們大概知道會發生什麼事，不過在我們知道情況會有極大不同的時候，卻不知道那時會發生什麼事。㊣保

- 在大多數的時間裡，一般人預測的未來很像過去。
- 他們不一定是錯的：在大多數的時間裡，未來很大程度只是重演過去。
- 以這兩點出發，可能會做出結論認為，很多時候的預測是正確的：他們通常會拿過去的經驗預測未來，而且常常是正確的。

㊣保羅・喬森

在這裡，馬克斯呈現出最大的投資兩難。

- 然而，很多預言家拿過去的經驗正確預測未來並沒有什麼價值，就像很多預言家通常會假設未來與過去很像一樣，市場也是如此，通常價格走勢會以近期的歷史價格延續下去。因此，如果未來真的與過去很像，那就不可能賺大錢了，即使是那些有能力正確預測的人也一樣。
- 然而，未來偶爾會變得與過去非常不同。
- 在這個時候，準確預測就會有很大的價值。
- 也就是在這個時候，預測最難準確。
- 或許在這個關鍵時刻，有些預言家可以準確預測，這告訴我們想要準確預測關鍵事件是有可能的，但不太可能一直由同一個人做出準確預測。
- 綜合上述的討論，總的來說，預測的價值非常小。㊕

如果你需要證據，問問自己，有多少專家準確預測到次貸問題、全球信貸危機，以及二〇〇七至二〇〇八年的大規模崩盤？你也許可以想到一些人，而且你可能會認為他們的預測很有價值。但是接著問問自己，在這些人之中，有幾個接下來準確預測到二〇〇九年經濟會開始緩慢復甦，而且那年的市場將大幅反彈。我想這個答案是「非常少」。

這並非偶然，那些準確預測二〇〇七至二〇〇八年情況的人，有部分是因為本身就有看壞市場的傾向，因此，他們可能持續看壞二〇〇九年，這種預測的整體效用並不大……即使他們準確預測過去八十年來最重大的一些金融事件。

㊕羅・喬森
在討論預測缺點時，我沒有讀過比這九個重點提示更好的論點。

所以關鍵問題並不是「預測有時候是準確的嗎？」，而是「整體的預測，或是任何一個人的預測，可以持續參考而且很有價值嗎？」。沒有人敢打包票說這個答案是肯定的。

準確預測到二〇〇七至二〇〇八年全球危機有很大的潛在價值，但是如果你看到這個預測來自持續預測錯誤的人，而且這個人還明顯有看壞市場的傾向，你會聽他的預測採取行動嗎？這就是不能一直準確預測的麻煩：他們不是從未準確預測過，而是這個紀錄並不足以激勵其他人在他們偶然靈光乍現時採取行動。

「我知道」學派的問題

我對預言家以及堅持相信他們的人持保留看法，這已經不是祕密，事實上，我歸納出這些人有著下面的樣貌。

✉這些年來我大部分遇到的投資人都屬於「我知道」學派，他們很容易辨認。

- 他們認為，了解經濟、利率、市場的未來走向，以及廣受關注的主流股票，就是成功投資的關鍵。
- 他們相信可以做到這件事。
- 他們知道他們能做到這件事。

- 他們意識到有很多人也在做同樣的事，但是他們認為，若不是每個人會在同一時間成功，就是只有少數人會成功，但是他們一定是成功的一員。
- 他們很放心的根據他們對未來的看法投資。
- 他們也很樂意分享自己的看法，即使準確預測應該有很大的價值，理論上沒有人會免費提供給其他人。
- 身為預言家，他們很少回頭嚴格衡量他們的預測紀錄。㊣

信任是描述這個學派成員的關鍵字，另一方面，對「我不知道」學派來說，關鍵字是**謹慎**，尤其是在應對未來的總體情況。「我不知道」學派的成員一般相信自己無法知道未來、不必知道未來，而且認為該抱持的適當目標是在缺乏這類知識下，盡最大的努力去投資。

身為「我知道」學派成員，你必然會對未來發表高見（而且也許還有人會做筆記）。因為你的言論，可能有人會找上門，認為你是很受歡迎的晚宴貴賓……尤其是在股市上漲時。

加入「我不知道」學派的結果有好有壞。你可能很快就會厭倦對朋友和陌生人說「我不知道」。一陣子之後，就連親戚朋友都會停止問你對市場未來走勢的看法，你將不會感受到那千分之一預測成真的歡喜時刻，或是《華爾街日報》刊登照片的虛榮。另一方面，你也能避免預測失準的麻煩時刻，以及根據對未來的過

㊣**羅・喬森**
人類傾向去預測（這顯然是我們的部分天性），而且我懷疑沒有證據能阻止大部分這樣做的人。然而，馬克斯建議最少應該保留一次自己的預測紀錄。

當估計所造成的投資虧損。

〈我們和他們〉（US AND THEM），二〇〇四年五月七日

沒有人喜歡在未來大都不知道的假設下，對未來進行投資。㊋

另一方面，如果這個假設是對的，比較好的作法是面對它，找出應對的方法，而不是去預測。不論投資界有什麼條件在限制我們，承認並適應這些條件，比否認而冒進要好得多。

噢，對了，還有一件事，最大的問題常常發生在當投資人忘記機率與結果的差別，也就是忘記預測局限的時候，這些情況會發生在：

- 當他們相信機率分布的形狀可以知道（而且他們知道）的時候，
- 當他們假設最有可能發生的結果就是實際結果的時候，
- 當他們假設預期結果最能準確代表實際結果的時候，或是
- 或許更重要的事，當他們忽略不太可能發生的結果有可能發生的時候。㊌

忽視這些限制的輕率投資人很容易在決定投資組合時犯錯，而且有時會遭受很大的虧損。這就是二〇〇四至二〇〇七年的情況：因為很多人都高估自己知道結果和控制結果的程度，因此低估投資行為產生的風險。

㊋**羅・喬森**

在這裡，馬克斯提出投資最終要面對的挑戰，以及渴望繼續進行預測的一個關鍵驅動因素。

㊌**華・馬克斯**

了解不確定性：風險和不確定性與虧損並不相同，但當事情出問題時，它們會創造潛在虧損。一些龐大的虧損就發生在對投資能力過度自信的時候，結果導致投資人低估可能發生事情的範圍、低估將預測具體化的難度，還有低估意外的後果。

承認自己所知有限

「試著預測未來是否有效」的問題並不只是無謂的好奇或是學術探討，這個問題對投資人的行為（應該）有顯著的影響。如果你從事的活動會決定未來的結果，那很顯然地，如果你能預測未來，採取的行動就會與不能預測未來所採取的非常不同。

✉投資人必須回答的一個關鍵問題是，以他們的觀點來看，未來是可知，還是不可知。投資人如果感覺自己能緊握住可知的未來，就會堅定地採取行動，朝單一市場方向下注（directional bets）＊、集中部位，並運用槓桿持有投資標的，寄望未來的成長。換句話說，在做這些事的時候並不把增加的風險考慮在內。另一方面，感覺不知道未來的投資人所採取的行動完全不同，他們會分散投資、避險、少用或不用槓桿、強調今天的價值而不是明天的成長、維持強健的資本結構，而且一般會為各種不同的可能結果做好準備。

第一種投資人在崩盤之前的幾年會很好，但是當崩盤發生時，第二種投資人會更好，而且他們有更多可用的資金（與更強健的心態），在低點時買進獲利。

〈檢驗標準〉，二〇〇九年十一月十日

如果你知道未來，採取防守策略就太傻了。你應該積極行動，將目標放在成為最大的

＊單一市場方向下注是對沖基金常用的策略，通常是在多頭行情時只作多，在空頭行情時只作空，藉由押注在單一方向，讓報酬達到最大。

贏家。不用擔心會出現虧損，分散風險並不必要，而且要把槓桿做最大的運用。事實上，在知道未來下還過度謹慎地採取行動，會產生機會成本（放棄獲利）。

另一方面，如果你不知道未來會發生什麼事，卻以知道未來的方式採取行動，就是有勇無謀的行為。回頭注意這章一開始阿莫斯・特佛斯基的話是怎麼說的，重點其實很清楚。身為一個不可知論者，投資在不知道的未來實在讓人望而生畏，但如果預知能力難以捉摸，假裝知道即將發生什麼事來投資就很像傻子，也許馬克・吐溫（Mark Twain）這句話說得最好：「讓你身陷麻煩的不是你不知道的事，而是你確定知道但並非如此的事。」

高估你的認知或行動的能力是極端危險的，不論在腦部手術、越洋競賽或投資上都是如此。承認能知道的事情有限，而且在這個限制下行動，而非跨出限制去冒險，能夠帶給你最大的優勢。

第15章

察覺所在的景氣位置

也許我們從不知道要去哪裡，但最好清楚了解我們人在哪裡。

市場周期會帶給投資人嚴峻的挑戰，因為：

- 它們必然有漲有跌。
- 它們深深影響投資人的績效。
- 它們的變化幅度難以預期，特別是時機。

因此我們必須適應這個會帶來巨大影響、但在很大程度上卻不可知的力量。那我們面對周期該做些什麼？這個問題是重要關鍵，但常常顯而易見的答案並不正確。

第一個可能的答案是不接受周期是不可預測的說法，我們應該花加倍的力氣去預測未來，將更多資源投入這場戰鬥中，而且根據我們的預測結論加大賭注。但大量的數據與我的所有經驗都告訴我，我們只能預測到周期必然會發生，此外，優異的投資結果來自於我們比其他人知道更多，而目前並沒有讓我滿意的證據證明，在未來周期的時機轉折與變化幅度上，有很多人知道的比一般共識更多。

第二個可能的答案是接受未來並不可知，所以舉手投降，只要忽略市場周期就好。與其試著預測市場周期，不如試著投資在好的投資標的，一直持有就好。雖然我們不知道什麼時間該加碼或減碼，什麼時間該採取積極策略或防禦策略，但只要有投資就好，不管周期和因此產生的深刻影響是什麼，這就是所謂「只要買，不要賣」的投資方法。

然而還有第三種可能，這是我認為正確得多的作法。為什麼不試著找出我們處在周期的哪個位置，以及這又暗示我們該採取什麼行動？

✉在投資界……沒有什麼比周期更可靠。基本面、心理面、價格和報酬的起落都提供犯錯的機會，或是提供從其他人犯的錯誤中獲利的機會，這些是大家都知道的。

我們並不知道趨勢會持續多久、什麼時候會反轉、是什麼讓它反轉，或是反轉後會往相反方向前進多遠。但是我有信心，每個趨勢遲早會結束，沒有一個趨勢能永遠持續下去。

因此，面對周期我們能做些什麼？如果我們不能事先知道反轉怎麼發生、何時發生，我們該怎麼應對？關於這一點，我堅持我的看法：也許我們從不知道要去哪裡，但最好清楚了解我們人在哪裡。也就是說，就算我們不能預測周期變化的時機和起伏的程度，重要的是努力確定我們站在周期的哪個位置，而且根據這個判斷採取行動。保

〈事實就是這樣〉，二〇〇六年三月二十七日

保羅・喬森
我尊重馬克斯在這個議題的看法。但是這個目標並不像他建議的那麼簡單，不過在接下來的備忘錄中，他的確提供一個我認為非常可行的合理折衷方案。

在市場極端時保持警覺

✉如果能成功預測鐘擺的擺盪，而且總往適合的方向移動，這是多麼美好的事，但這的確是不切實際的期望。我認為更為合理的作法應該是試著在市場達到極端情況時保持警覺，並藉此調整我們的行為。而且更重要的是，拒絕從眾，以免犯下許多投資人在高點和低點時會發生的錯誤。

〈第一季績效〉，一九九一年四月十一日

我的意思並不是說，如果能指出處於周期的哪個位置，我們就能精確知道接下來會發生什麼事。但是我的確認為，知道處於哪個位置可以提供我們有價值的洞察力去了解未來世界，並且告訴我們該怎麼做，而我們期望的不過就是這些。

了解周遭正在發生的事

當我說我們可以知道所處的位置（而不是未來）時，我的意思並不是說可以自動了解位置在哪裡。就像很多投資的事情一樣，這需要花心力，但做得到。這裡提供一些我認為朝這個目標努力該注意的重要概念。

第一，我們必須對正在發生的事有所警覺，美國哲學家桑塔亞那（G. Santayana）說：「忘記過去的人一定會重蹈覆轍。」同樣地，我相信不知道周遭發生什麼事的人注定會受到衝擊。

知道未來很困難，了解現狀卻沒那麼難，我們需要做的是「測量市場的熱度」。如果我們敏銳地保持警覺，就可以衡量四周的一舉一動，藉此判斷我們應該做些什麼。

而在這裡，主要的要素是**推理**，這是我最喜歡的一個詞。每個人都會從媒體的報導看到每天發生的事，但是有多少人會努力去了解這些日常事件對於市場參與者的心態、投資環境，以及我們應該做出哪些回應，說了些什麼？

簡單的說，我們必須努力去了解四周發生的事情背後的意義，當其他人輕率自信而積極搶進時，我們應該要高度小心謹慎，當其他人膽怯不採取行動或恐慌賣出時，我們應該變得更為積極。

所以環顧四周，問問自己：投資人是樂觀還是悲觀？媒體名嘴告訴我們應該要進場還是觀望？新的投資計畫是被投資人立刻接受還是遭到否決？新股銷售或基金公開發行時，被認為是成為有錢人的機會，還是投資陷阱？信貸周期來到資金容易取得還是無法獲得的地方？本益比來到歷史上的高點還是低點？而且殖利率的利差是大是小？㊣

這些事情都很重要，而且都不需要預測。我們能根據目前的觀察做出優異的投資決定，而無需猜測未來。

關鍵在於注意這些類似的事情，讓它們告訴你該做些什麼。雖然市場不會要求你每天跟著這些條件行動，但是在市場達到極端情況時，它們發出的聲音非常重要。

㊣羅・喬森
這些富有洞察力的問題可以很容易當成一個檢驗清單來執行，投資人應該定期用來檢驗市場的熱度。

測量市場的熱度

二〇〇七至二〇〇八年對市場與投資人都是很痛苦的時光，或者該說也是一生中最好的學習經驗。當然，如果只關注在痛苦經歷，那就一點幫助也沒有；如果關注在學到的經驗，才能成為更好的投資人。沒有一個例子比毀滅性的信貸危機更能展現正確觀察現狀的重要性，還有試著預測未來有多麼愚蠢。這很值得深入討論。

回顧二〇〇七年中金融危機開始前的那段時間，很顯然投資人毫無顧忌而且無意識地承擔風險，隨著投資人對股票與債券的熱情冷卻，資金流向如私募股權（企業收購）等「另類投資標的」，數量已多到種下注定失敗的結果。投資人毫不懷疑的接受一種假設，認為房屋和其他房地產會提供確定的報酬，而且能作為對抗通膨的緩衝。而低利率與寬鬆的借貸條件使資金取得太過容易，鼓勵運用槓桿的數量證實已經太多。

事後才有風險意識能管什麼用？要緊的是投資人的警覺和推理能否幫他避開二〇〇七至二〇〇八年市場下挫所帶來的全面衝擊，這裡有些我們看到的過熱指標：

- 高收益債券與低於投資等級貸款的發行量破紀錄的大幅增加。
- 在發行的高收益債券中，被評為ＣＣＣ等級的比例高得不尋常，通常這個等級的新債券不能大量銷售。
- 為了配發股利，企業主發行債券籌資成為常態。在正常時期，這種交易很難進行，因為會增加發行機構的風險，而且對債權人毫無用處。
- 債券利息透過舉債支付，使得債券發行量愈來愈多，而且少有或沒有保護債權人的條款。
- 上千種未經測試的結構性商品被評為ＡＡＡ等級，這在過去很罕見。
- 企業收購付出的現金流量增加，槓桿比率也提升。平均來說，二〇〇七年收購公司付出的現金流量比二〇〇一年多出五〇％。
- 像半導體這樣的景氣循環產業出現企業收購案件。在懷疑心態瀰漫時期，投資人並不贊成運用槓桿來投資景氣循環產業。

考慮上面所有的因素，能夠得到一個明顯的推論：提供資金的人競爭激烈，它們放鬆借款條件與利率，而不是要求足夠的保護或預期報酬。對深思熟慮的投資人來說，世界上最

讓人害怕的幾個字就是：**太多金錢在追逐太少的交易**。這貼切描述了當時的市場狀況。(霍)

你可以分辨有太多錢在市場競逐，隨著交易變得更容易，交易量不斷增加、資金的成本下降，而且被收購的資產價格隨著一連串交易拉抬。資金的洪流讓這一切發生。

✉如果你是汽車製造商，希望能長期賣得好，也就是說，催生了持續搶占競爭對手的市場份額，那你就需要讓產品變得更好……這是為什麼大部分的銷售口號不論怎樣都會說：「我們的產品比較好。」然而，有些產品並無法做出差異化，經濟學家稱這樣的產品「商品」（commodity）。這類物品，每個賣家提供的都大同小異，在交易時常常只考慮價格，而且每個買家都比較可能用最低價格來購買，因此，如果你交易的是商品，而且想要賣得很好，只有一種方法，那就是降價……

把「金錢」視為一種商品，可以幫助你了解整件事。每個人的錢幾乎都一樣，可是金融機構想要增加放款量、私募基金和對沖基金想要增加手續費收入，它們都想要吸收更多的錢。因此你如果要找能存放很多錢的地方，也就是說讓其他人找上你，而不是找競爭對手融資，你就得讓你的錢變得更便宜。

讓你的錢降低價格的一種方法是降低貸款利率，稍微精細的作法是用較高的價格買進，例如在本益比較高時買進股票，或是用較高的交易總價來買進一家公司。

無論用什麼方式降價，你都要接受較低的預期報酬。

〈競相比爛〉（THE RACE TO THE BOTTOM），二〇〇七年二月十七日

霍華・馬克斯

了解最危險的事：當買家爭相將大筆資金投入市場時，相對於實質價值，價格就會上升，潛在獲利會縮減，而且風險也會增加。只有買家比賣家更具主導地位時，你才會擁有價格過於高估的資產。這個警示信號並不難看見。

在這段危險時期，如果投資人有警覺，會觀察到市場氛圍從多疑漸漸轉為輕信，也就是我之前提過的「靈丹妙藥」或「穩賺不賠」的投資情緒。深思熟慮的投資人也許會注意到，市場對「靈丹妙藥」的胃口愈來愈大，這意味著貪婪漸漸取代了恐懼，發出的訊號在在顯示這是個沒有懷疑、而且風險很高的市場。

近十年來，避險基金就被視為這種穩賺不賠的商品，尤其是號稱「絕對報酬」的基金。這些作多／放空或避險基金並不會藉由「單一市場方向」下注在市場趨勢上追求高報酬，相反地，不論市場往哪個方向走，這些基金經理人憑著技巧或技術，持續創造八％至一一％的報酬率。

很少人認識到，能夠穩定獲得這樣的收益是一項驚人的成就，或許該說這好得不像是真的（注意，這正是伯納德・馬多夫（Bernard Madoff）宣稱能賺得的報酬率＊。）太少人會懷疑，有多少經理人有足夠的天分來創造這樣的奇蹟，特別是在扣除可觀的管理費和績效獎金之後；再來，它們能管理的資金有多少？以及那些下注在只有微小統計差異的槓桿投資在遭遇不利環境時會如何？（在艱困的二〇〇八年，**絕對報酬**基金平均虧損一八％，可見這個詞是如何被濫用與誤用。）

就像第六章的詳細說明，在那時，我們聽到風險已經透過新奇的證券化、分級、預售、排除金融中介機構、市場脫鉤而消除。這裡特別要注意的是分級，這是指把投資組合的價值和現金流量分配給優先權不同的利害關係人。優先權最高的利害關係人可以優先清償債

＊伯納德・馬多夫是美國那斯達克證券交易所的前任主席，曾是華爾街最受歡迎的投資經理人，推出的基金商品就算是遇到金融危機，仍舊號稱有一一％以上的年報酬，後來在二〇〇八年十二月證實是場騙局，詐騙時間長達二十年，詐騙金額高達六百五十億美元，是目前美國金融史上最大的詐騙案。

權，因此他們享有最高的安全性並分配到相對低的報酬。優先權最低的利害關係人處於「第一個損失債權」的位置，承擔最高風險，換取在優先權較高的利害關係人分到固定報酬後，享有剩餘留下的潛在高報酬。

在二〇〇四至二〇〇七年間出現一個觀念，如果你能將風險切分成很多小部分，然後賣給最適合持有它們的人，風險就會消失，這聽起來就像魔法一樣。因此，受人期待的分級證券化商品成為最嚴重的災區並不讓人意外，因為投資本來就沒有魔法。

絕對報酬基金、低成本槓桿商品、無風險房地產投資和分級債券工具深受歡迎，當然，到了二〇〇七年八月，這些商品犯的錯誤變得很清楚。事實上，風險並沒有消除，還因為投資人的過度信任與懷疑不足而加重。

二〇〇四到二〇〇七年中這段期間，只要投資人能清楚判斷未來情況，而且有足夠的信心採取行動，就有很大的機會能在降低風險下取得超越市場的報酬。你真正要做的是在市場過熱期間測量市場的熱度，而且在熱度持續增加的時候退場。能這樣做的人正是典型的反向投資人，這在第十一章有討論。反向投資人在危機發生前會降低承受的風險，做好準備，減少二〇〇八年崩盤時造成的虧損，並處在最好的位置，享受眾多便宜標的出現所產生的獲利機會。

根據投資環境改變策略

✉很少有哪個領域的戰略和戰術決定，不受環境中所見事物的影響，我們踩的油門深淺，取決於道路是空曠還是擁擠；高爾夫球選手會根據風的強弱選擇球桿；我們出門選擇要穿的外套當然也會根據天氣改變。同樣地，投資行為難道不該受到投資環境影響？

大多數的人會根據他們認為未來會發生的情況，努力調整投資組合，然而，大多數的人同時會承認未來的能見度並不高，這是為什麼我要提供充分的理由對現實情況和它們代表的含義做出反應，而不是期待把未來弄清楚。

〈事實就是這樣〉，二〇〇六年三月二十七日

市場熱度評估指南

✉以下有個簡單的練習可以幫助你測量未來市場的熱度。我列出許多市場特性，請針對每一組特性選出你認為最適合現在的描述，如果你發現選出來的特性大都在左欄，那就應該像我一樣，看緊荷包。㊀㊁㊂

〈事實就是這樣〉，二〇〇六年三月二十七日

克里斯多夫・戴維斯
如果能加上分數，例如每個特性可以打上1到5分，並在必要時使用N／A，那這個表格會更有用。經過修改以後，這就是最好的評估指南。

喬爾・葛林布萊特
這是個非常好的表格，也是很好的練習。

保羅・喬森
我深深感覺到，透過一年兩次的檢查，投資人可以記錄市場鐘擺的擺動，經過十年後，投資人可以從過去市場的擺動中得到豐富的數據，我真希望十年前就有這個表格可以開始記錄。

市場熱度評估指南

經濟現況	活躍	停滯
經濟前景	看好	看壞
放款人	急進	保守
資本市場	寬鬆	緊縮
資金數量	充足	短缺
貸款條件	寬鬆	嚴格
利率	低	高
利差	小	大
投資人	樂觀 充滿希望 買氣濃厚	悲觀 感覺無望 觀望
資產持有人	樂於持有	急著脫手
賣家	少	多
市場	擁擠	少人關注
基金	申購門檻拉高 每天都有新基金加入 由基金管理人掌控	開放給每個人 只有最好的基金 才募集得到資金 出資者擁有議價能力
近期表現	優秀	差勁
資產價格	高	低
預期報酬	低	高
風險	高	低
投資人特徵	積極 投資範圍廣	小心謹慎 投資精挑細選

市場會周期波動，上下起伏，鐘擺會擺動，很少停留在「快樂的中點」，也就是擺錘的中點。這會帶來危險還是機會？投資人又該做些什麼？我的回答很簡單：試著找出周遭發生的事，運用這些資訊來指引我們行動。

— 第16章 —

認識運氣扮演的角色

每隔一段時間，總有人會在一個罕見或不確定的結果下注，結果看起來像個天才一樣賭對了。但是我們應該要認清楚，這種情況會發生是因為運氣和勇氣，而不是技巧。

投資界並不是一個有規則、有邏輯來預測未來的地方，特定活動也不會總是產生特定的結果。真實情況是，投資很多時候是受到運氣左右。有些人也許喜歡稱它為**機運**或**隨機**，這些詞聽起來都比**運氣**來得複雜，但實際上都是同一件事：身為投資人，我們為了成功所做的每件事，很大程度都像擲骰子一樣，深受運氣影響。㊣

為了充分解釋運氣的概念，在這章我要進一步闡述納西姆・尼可拉斯・塔雷伯在《隨機騙局》中提出的一些觀念。在讀到這本書以前，我發現有些觀念已經在我身上發生，但塔雷伯的書不但將這些觀念整合起來，還增加更多內容。我想這是投資人必讀的重要書籍之

保羅・喬森

對我來說，這章的主題包括：學習誠實地面對自己的成功和失敗；學習承認運氣在所有投資成果中所扮演的角色；學習判斷是因為技巧還是運氣才導致最後的投資成果。直到學會辨別成功的真正來源，才不會受隨機騙局所害。

一。（保）

我借用塔雷伯的一些概念，在二〇〇二年的備忘錄標題取為〈報酬以及得到報酬的方法〉，其中幾個段落摘錄自《隨機騙局》，用引言標示。

✉在生活中，隨機（或是說運氣）發揮很大的作用，而且取決於隨機事件的結果應該要與沒取決於隨機事件的結果用不同的方式看待。因此，在考量某個投資紀錄是否有可能重複發生時，重要的是去思考經理人的投資表現中，隨機性扮演的角色，以及績效結果是靠技巧，還是純粹靠運氣造成。

「透過俄羅斯輪盤賺了一千萬美元與透過勤奮精巧的牙醫手術賺得一千萬美元的價值不同，它們賺到等量的錢，都能拿來買相同的物品，只除了一個依靠的隨機成分比另一個大。雖然對會計師來說，它們是相同的……不過我衷心認為它們在性質上並不一樣。」

每筆投資紀錄都應該把其他可能沒有發生的結果納入考量，塔雷伯稱這是「另類歷史」，它們就像「可見的歷史」（visible history）一樣很容易發生。

「很明顯，我判斷事情的方法自然是機率，它依循的概念是找出所有可能發生的事……如果我們聽說過『歷史上最偉大的將軍和發明家』，那只是因為他們像很多人一樣承擔相當大的風險，然後成功了。他們聰明、勇敢、（有時）崇高，在他們的時代可能獲得最高的文化教養，但其他成千上萬有相同條件的人卻只能成

（保）羅・喬森

我也是塔雷伯的忠實讀者，馬克斯在這章談到很多他的研究。我特別喜歡塔雷伯的「另類歷史」概念，而且馬克斯出色的把這個概念融入他的投資哲學中。

為陳腐歷史的註腳。」

每隔一段時間，總有人會在一個罕見或不確定的結果下注，結果看起來像個天才一樣賭對了。但是我們應該要認清楚，這種情況會發生是因為運氣和勇氣，而不是技巧。

想想有個積極的雙陸棋玩家擲骰子時，要擲出兩個六點才能獲勝，一次擲出兩個六點的機率是三十六分之一，而這個玩家接受加倍的賭注，結果真的擲出兩個六點。這樣的下注也許並不明智，但是因為它成功了，每個人都認為這位玩家真的很有才華。我們應該思考沒有擲出兩個六點的可能性，了解這個玩家能夠成功是有多麼幸運，這可以告訴我們很多玩家再次贏得勝利的可能性……

短期來看，很多成功的投資只是因為處在對的時間與對的地點，我總是會說，獲利的關鍵在積極、時機和技巧，而且在對的時間，夠積極的人並不需要太多技巧就能成功。

「在市場的任何時間點，獲利最多的交易者常是最能適應最新周期的人。這並不會常常發生在牙醫或鋼琴家身上，因為這是隨機的本質。」

有個簡單的方法可以看到這點，在景氣繁榮時期，獲利最高的人常常是承擔最多風險的人，這並不能說明他們就是最好的投資人。

華倫・巴菲特在《智慧型股票投資人》（*The Intelligent Investor*）第四版的附錄中描述一個競賽，兩億兩千五百萬美國人拿出一元每天猜硬幣的正反面，第一天，猜對的人可以從猜錯的人那裡拿到一元，第二天再擲一次硬幣，猜對的人再從猜錯的人那裡拿到全部的錢，以此類推。十天後，有二十二萬人連續猜對十次，贏得一千美元。「他們試著表現出謙虛的態度，但是在雞尾酒會上，他們偶爾會為了吸引異性成員注意，承認他們在猜硬幣正反面的領域有高超技術與驚人天分。」再過十天，連續猜對二十次的人剩下兩百一十五位，每個人都贏得一百萬元，他們可能會寫書，書名像是《每天早上工作三十秒，二十天把一元變成一百萬元》，而且開始賣票演講，這聽起來是不是很熟悉？

因此，很少人充分理解隨機帶給投資績效的貢獻（或破壞），才使得至今成功的策略所潛伏的危機常常被低估。

或許總結塔雷伯觀點的一個好方法，是從他的書中摘錄表格。他在左欄列出很多被誤認為右欄的事情（如下表）。

運氣	技巧
隨機論	決定論
機率	確定
信仰，猜測	知識，確信
理論	現實
奇聞，巧合	因果，法則
生存者偏誤	表現優於市場
幸運的傻瓜	專業投資人

資料來源：塔雷伯《隨機騙局》

我認為這樣的二分法實在是太聰明了，我們都知道事情順利時，運氣會讓人看起來就像是有技巧，巧合看起來像是有因果關係，「幸運的傻瓜」看起來像是專業投資人。當然，就算知道隨機論會帶來影響，要區分出幸運投資人還是專業投資人也不容易。賽

賽斯·卡拉曼

這是為什麼重要的不是去看投資人過去的紀錄，而是去看他們是怎麼達成這些紀錄。這些紀錄合理嗎？可以被複製嗎？為什麼沒有競爭的力量讓價格推往明顯的無效率市場價格，使投資變得更成功呢？

但是我們必須持續試著這樣做。

我發現，基本上我同意塔雷伯所有的重要觀點：

- 投資人總是會因為「錯誤的理由」做出正確的事（和錯誤的事）。有些人會因為預期某支股票會有特定的發展而買進，但實際上這個發展沒有發生，不過市場不管怎樣已經推升股價，所以投資人看起來容光煥發（而且總是樂於接受這份榮耀）。
- 決定是否正確並無法從結果來判斷，但是一般人都是這樣衡量。一個好的決策是指在那時做出的最佳決策，而根據定義，未來在那時並不可知，因此，正確的決定常常不會成功，反之亦然。
- 短期來看，隨機性本身就能製造出任何結果。在一個能夠充分反映的投資組合裡，市場走勢可以很容易地讓技巧純熟（或缺乏技巧）的經理人吃足苦頭，但是特定的市場走勢並不能歸因於某個經理人的功勞（除非他或她是罕見的市場高手，能夠重複做出成功的投資）。
- 因為這些理由，投資人常常會得到他們不該得到的功勞。一次的成功就足以建立起聲譽，但顯然一次的成功有可能只是隨機造成，很少有「天才」能夠連續兩次或三次成功。
- 因此，在判斷投資經理人的能力時，很重要的是要有大量的觀察數據，也就是要有多年的大量資料。

〈報酬以及得到報酬的方法〉，二〇〇二年十一月十一日

另類歷史產生的迷惑

可能會合理發生的其他事件——這個塔雷伯的「另類歷史」概念很讓人著迷，而且在投資上特別適用。

大多數的人承認未來圍繞著不確定性，但是他們覺得，至少過去是已知而確定的。畢竟，過去是確定、而且不會改變的歷史。然而塔雷伯的重點在於，真正發生的事只是**可能**會發生的事中的一小部分，因此，一項戰略或行動在日後順利成功發展，並不必然能證明背後的決策是明智的。

也許最終會成功的決策其實是一個完全不可能發生的事件，純粹只是運氣使然，在那個最後被證實成功的案例，決策也許並不明智，如果其他多樣的另類歷史真的發生，就能顯示出決策的錯誤。

為高度不確定下注、最後幸運成功的決策者，應該得到多大的功勞？這是一個好問題，也值得深入探討。

我記得一九六三年進入華頓商學院學到的第一件事是：決策的品質並不是由結果決定。做出成功或不成功的決定之後，事情才會發生，而這些事情常常會超出預期，當閱讀到

塔雷伯的書的時候，這個概念的論證被更為強化。他強調隨機事件有能力獎賞不明智的決定，並懲罰好的決定。

什麼是好的決定？假如有個人決定要在邁阿密建一座滑雪場，三個月後有個特大暴風雪侵襲佛羅里達州南部，積雪高達十二英尺。這讓滑雪場第一季有豐厚的獲利，這難道能夠說建立滑雪場是好的決策嗎？並不是。＊

一個好的決策應該是一個有邏輯、聰明，而且資訊充足的人，考量當時面對的情況後，**在知道結果前**做出的決策，以這個標準來看，邁阿密滑雪場的興建決定看來很愚蠢。

跟虧損風險一樣，許多影響決策正確與否的事情不能事先知道或量化。即使在事後也很難確定，誰根據堅實的分析做了一個好決策，卻因為一樁罕見事情發生而受到懲罰，或是誰因為冒險而獲利。因此，很難知道是誰做出好的決策。換句話說，過去的報酬很容易衡量，很容易知道誰做出創造最大**獲利**的決策。這兩個很容易混淆，但是有洞察力的投資人必須高度警覺到這樣的不同。(霍)

長期來說，除了相信好的決策會帶來投資獲利，沒有其他解釋，然而短期來看，當這件事沒有發生時，我們只能忍耐。(保)

報酬次佳化的投資策略

第十四章提到，因為「我知道」學派的投資人感覺自己能夠知道未來，所以他們會決

＊邁阿密在美國的佛羅里達州南部，就算是在一月的冬天，一九八一至二〇〇〇年的平均最低溫度也有一六・三度，下雪的機會不高。

(霍)華・馬克斯
投資人都害怕看錯。考量環境中的隨機性和多變性，常常會出現好決策沒起作用，壞決策反而成功，這是違反直覺但非常重要的一點。特別是投資人總會「因為錯誤的理由做對」（反之亦然）。你不必因此感覺受挫，也不用相信你做出的好決策都是錯的（除非有太多已經證實的錯誤，讓你必須考慮這樣的可能性）。

(保)羅・喬森
我喜歡這個觀察，這說得真是對極了！

定未來看起來像是什麼樣子，在這樣的情境下建立一個報酬最大化的資產組合，而且在很大的程度上無視於其他可能性存在。另一方面，採取次佳化的「我不知道」學派會將重點放在建構一個他們認為可能情境下表現不錯，但其他情境下的表現也不會太糟的投資組合。

屬於「我知道」學派的投資人會預測骰子的結果，將成功歸因於他們對未來的敏銳判斷，而且在事情不如他們預測的走向時，歸咎於運氣不好。當他們預測正確時，必須問的問題是：「他們是否真能預見未來？」而「我不知道」學派的投資人採用機率來預測，所以清楚了解投資結果很大程度得由上天決定，因此對於投資人的功勞歸屬或指責會適當節制，特別是從短期來看。

「我知道」學派根據一次或兩次擲骰子的結果，快速有自信地將投資人區分為贏家和輸家；「我不知道」學派的投資人了解他們的技巧應該從很多次擲骰子的結果，而不是只用一次的結果（而且這個結果可能很少見）來判斷。因此他們接受自己小心謹慎、次佳化的方法，暫時創造出普通的成果。但是他們有信心，如果自己是卓越的投資人，長期下來一定會有明顯的成果。

保羅・喬森
這很重要，不知道有多少投資人上了這個錯誤的當。

✉短期的獲利和虧損都只是潛在的假象，並不是實質的投資能力（或缺乏投資能力）的必要指標。㊣保
驚人的好報酬常常只是驚人的壞報酬的另一面。某一年的優異報酬會誇大經理人的技巧，隱藏他或她所承受的風險。因此，當極糟的一年之後緊接著出現極好的

一年，大家往往會很訝異。因為投資人總是不了解短期獲利和短期虧損都只是假象，以及深入理解這些現象的根本原因有多重要。

投資表現是當事情發生後，投資組合產生的變化。投資人會高度關注最後的績效結果，但是他們應該問的問題是，投資經理人真的有把發生的事（而且其他可能發生但沒發生的事）都納入考量嗎？如果是其他事件發生，那績效會如何？那些其他事件，就是塔雷伯的「另類歷史」。㊂

〈莧菜〉（PIGWEED），二〇〇六年十二月七日

以不確定的世界作為投資前提

我發現塔雷伯的概念新奇又有些挑釁，一旦你了解到隨機事件對投資結果的深刻影響，你就會用一種完全不同的眼光來看待每件事。

「我知道」學派會根據單一一個可知、可克服的未來情況來行動，我所處的「我不知道」學派則會把未來事件視為一種機率分布，這是很大的不同。就後者的情況來說，我們也許有個想法認為某個情況最有可能發生，但是我們也知道還有其他很多情況，這些情況發生的機率加總起來，可能比我們認為最有可能發生的情況還高出許多。㊁

顯然，塔雷伯的「不確定世界」觀點跟我的想法十分一致，我對投資的信仰和建議都是從這個學派的想法出發。

㊂喬爾・葛林布萊特

二〇〇〇年到二〇一〇年的十年間，績效最好的經理人平均每年創造一八%的報酬，同個時期的基金投資人（資金加權）平均每年虧損八%，投資的資金流入往往會「推升」績效，產生優異的報酬，而資金流出伴隨而來的是虧損，產生較差的報酬。很顯然，大多數的投資人在做資產配置的決策時，很少衡量經理人的長期投資技巧。

㊁霍華・馬克斯

了解不確定性：認為未來是可知（而且他們能知道）的投資人就是我所謂的

- 我們應該花時間試著從產業、公司和證券等可知的事物中尋找價值，而不是根據我們針對比較不可知的總體經濟世界和市場大盤表現的預測來做決定。
- 因為不能準確知道未來的樣貌，所以我們必須透過堅定的信念、分析未來後所產生的看法，以及在出現機會時用較低的金額買進等等方法來獲取價值。
- 我們必須採取防禦型投資，因為很多結果有可能對我們不利，更重要的是在負面結果下確認得以在市場上存活，而非在有利結果下保證得到最大報酬。
- 為了增加成功的機會，在出現極端情況的時候，我們必須強調採取的行動要與群眾相反，在市場低迷的時候積極行動，在市場亢奮的時候小心謹慎。
- 因為結果本來就高度不確定，所以除非已經經過很多實驗驗證，不然我們必須以懷疑的角度看待決策與產生的結果——不論是好結果還是壞結果。㊍

認為世界是個不確定的地方的人，還會做幾件事：對風險抱持健康的尊重心態；意識到我們無法掌控未來；了解到我們能做出最好的事就是把未來事件視為一種機率分布，並根據這個條件來投資；堅持防禦性投資；而且強調要避開投資陷阱。㊍

對我來說，這些就是深思熟慮的投資要做的事。

「我知道」學派，他們忽略不確定性存在，所採取的行動能在他們看對的時候增加獲利，但看錯的時候會加大虧損。認清這點之後，很重要的是，所有投資人都要知道他們自知什麼，而且根據這點採取行動。

克里斯多夫・戴維斯
這是非常好的摘要。

喬爾・葛林布萊特
對表現良好的投資人來說，隨著投資時間增加，投資技巧會開始發揮作用，長期報酬的隨機分布起伏應該得以縮減。

— 第17章 —

採取防禦型投資策略

有資深投資人，也有大膽投資人，但是沒有資深又大膽的投資人。㊂

每當有朋友要我提供私人的投資建議時，我第一步會先試著了解他們對風險和報酬的態度。沒確定投資類型就要求提供投資建議，就好像沒有告訴醫師哪裡不舒服就要求開個好藥一樣，一點用處也沒有。

所以我會問：「你比較關心賺錢還是避免虧損？」只是答案一成不變，每個人都會說：「都很關心。」

問題在於你不能同時全力追求獲利與避免虧損。每個投資人都得從這兩個目標中做出選擇，而且通常需要求得合理的平衡，也應該要在有意識與合理之下做出這個決定。本章就要談到這個選擇……以及我的建議。

正確看待這個決定的最好方法是從攻擊與防守對抗的角度思考。而其中一個好方法是

㊂**喬爾・葛林布萊特**
這句話也可以用在資深飛行員和大膽飛行員身上。

拿運動來比喻。

為了建立討論基礎，我引用一九七五年查爾斯・艾利斯發表在《金融分析師期刊》的一篇精彩文章〈輸家遊戲〉。這也許是我第一次接觸直接拿投資跟運動來類比的說法，而這對我強調的防禦型投資有絕對的重要性。

查爾斯這篇文章提到賽門・藍莫（Simon Ramo）在《網球庸手的高超打法》（*Extraordinary Tennis for the Ordinary Tennis Player*）中對網球的精闢分析。賽門・藍莫是TRW集團的其中一位創辦人，TRW的公司產品橫跨汽車零組件到信用報告服務。藍莫指出，職業網球是一個「贏家的遊戲」，能夠擊出最多制勝球的球員就會成為贏家，而勝球是指快速、落點好到讓競爭對手無法回擊的球。

除了對手擊來的任何制勝球，職業網球選手都能隨時擊出他們想要的球，不論是扣球還是吊球，落點在底線還是網前、在左側還是右側、平擊還是帶旋轉的球。業餘選手覺得麻煩的事，例如難處理的反彈球；風；刺眼的陽光；速度、耐力和技巧不足；或是對手的球落在打不到的地方，專業選手都不受其擾。他們可以將對手擊來的大部分球回擊過去，而且幾乎隨時能擊出想要的球。事實上，專業選手能一直做到這點，所以網球統計學家才會追蹤相對罕見的「非受迫性失誤」。

但是對某些人來說，網球是一個「輸家的遊戲」，擊出最少失誤球的人才是贏家。贏家只要能讓球賽繼續進行，直到輸家擊球掛網或出界。換句話說，在業餘網球比賽中，分數不是贏來的，而是輸掉的。我從藍莫的避免失誤策略中認識到自己打網球的狀態。

查爾斯・艾利斯把藍莫的概念進一步應用在投資上。他的觀點是說，市場效率和交易的高成本讓他做出結論：在主流股票市場追求擊出制勝球不太可能使投資人獲利，相反地，你應該試著避免擊出失誤球。我發現這是非常吸引人的投資觀點。

要選擇進攻型投資還是防禦型投資，應該要根據投資人相信能掌控多少事情。以我的觀點來看，投資有太多事情無法掌控。

職業網球選手可以非常肯定知道，如果他們的腳、身體、手臂和球拍分別做出A、B、C、D的動作，那擊出的球幾乎都會出現E的樣子，在這過程中相對少有隨機變數。但是投資充滿難處理的彈跳球和沒被預期到的發展，而且球場的大小和網子的高度總是在改變，經濟和市場的運作高度不精確與多變，而且其他參與者的思考和行為也持續在改變投資環境。即使你做對每一件事情，其他投資人也可能會忽略你最喜歡的股票、管理階層可能會揮霍公司的發展機會、政府可能會改變投資規則，或是大自然也可能上演一場天然災害。

職業網球選手可以掌控太多東西，真的應該擊出制勝球，而且他們最好這樣做，因為如果他們擊出一個很容易回擊的球，對手就會擊出制勝球得分。相對之下，投資人只掌控一部分的投資結果，不用試著擊出很難回擊的球就能賺得不錯的獲利，撐得比對手久。

重點是，即使技巧高超的投資人也會失誤犯錯，而過度積極的擊球也很容易輸掉比賽，因此，強調避免犯下錯誤的防守策略，是每個出色投資人參與投資競賽時很重要的部分。

要成為贏家，還是避免成為輸家？

我喜歡投資的很多事情，而且這些事情大都符合體育競賽的情況。

- **這是競爭：**有人成功，有人失敗，而且輸贏很明顯。
- **可以衡量：**可以看到黑白分明的清楚結果。
- **講究實力：**長期來看，卓越的投資人會獲得比較好的收益。
- **團隊取向：**一支有效的團隊比單獨一個人有更好的成果。
- **令人滿足和愉悅：**贏的時候更是如此。

這些正面要素讓投資成為一個非常值得參與的活動，但就像體育競賽一樣，也有一些負面要素。

- 積極主動可以得到更多報酬，但長期來看並沒有很好。
- 運氣不好時會遇到不如預期的發展，產生挫折。
- 短期的成功受到普遍認可，卻沒有對紀錄的持久與穩定有足夠的注意。

總之，我認為投資和體育競賽實在很類似，因此它們的決策也相去不遠。

☒想想有一場美式足球比賽，進攻組拿到球，他們有四次的機會推進十碼，如果沒有完成，哨音就會響起，停止計時。進攻組下場，換上阻止對手推進的防守組上場。

你認為投資用美式足球來比喻恰當嗎？嗯，我會告訴你我不這麼認為。在投資界中，沒有人會吹哨子，你很難知道何時該從進攻變成防守，而且沒有暫停時間讓你這樣做。

我認為投資比較像是不在美國玩的足球。在足球賽中，十一個相同的足球隊員要打滿整場比賽，沒有所謂的進攻組與防守組，每個人都必須進攻跟防守……必須處理所有可能發生的情況。十一名球員必須共同合作，發揮射門得分和阻止對手得分的潛力。

足球教練必須決定派上場的團隊要強調進攻（為了進球得很多分，而且設法讓其他球隊得很少分）或是防守（希望阻止其他球隊，而且找機會射門），或是攻守平衡。因為教練知道他們並沒有很多機會在比賽中更換進攻和防守的球員，因此他們必須推出一個贏家陣容，堅持打完全場。

這就是我對投資的看法。很少有人（如果真的有的話）有能力即時配合市場條件去轉換戰術，所以投資人應該堅持採用一個方法，期望這個方法能適用在多種不同的情境。他們可能採取積極策略，期望能在成功投資時賺得很多，失敗時拿回成本；也可能強調防守策略，期望能在多頭行情時趕上市場績效，空頭行情時比其他人虧得少。或是他們可以採取進攻與防守平衡的策略，放棄大部分的短線戰術，透過優異的證券選股，在多頭行情和空頭行情時都能瞄準贏家寶座。

橡樹資本很明顯偏好防守策略。在多頭行情時，我們感覺只要能跟上指數表現就好（而且在多頭行情最好的時候，我們的表現甚至還有些落後）。但是即使平均來說，投資人在多頭行情時都可以賺到很多錢，我也懷疑有哪個經理人會因為在市場上漲時表現平平而被解雇。㊎

橡樹資本的投資組合設計是在空頭行情時有超越市場的表現，而且我們認為那時有超越市場的表現才重要。顯然，如果我們能在多頭行情時跟上市場績效，在空頭行情時有超越市場的表現，我們就能在整個周期中以低於平均的波動取得高於平均的表現，而且我們的客戶會很高興在其他人出現虧損時有超越市場的表現。

〈你的策略是什麼？〉，二〇〇三年九月五日

射門得分或是阻止對手得分，哪個對你比較重要？在投資界，你想要當贏家，還是避免成為輸家？（或許更適當的說法是，你要如何在贏家和避免成為輸家中取得平衡？）最大的危險就來自於行動時沒有考慮這些問題。

而且，順便一提，在防守和進攻之間並沒有一定正確的選擇，要成功可能有很多路徑，而且你的決定應該取決於你的個性和愛好、你對自己能力的信心，以及你所處的市場和

賽斯・卡拉曼

即使客戶要這樣做，馬克斯和他的合夥人當然寧願放棄這種擁有不切實際預期的客戶，或是只要求要遷就他們、不在乎橡樹資本投資哲學的客戶。最終，橡樹資本團隊管理的大部分是客戶自己的資本，而且採用的投資方法吸引世界各地的投資人。

服務客戶的特性。

進攻策略與防守策略

在投資界，什麼是進攻策略？什麼是防守策略？進攻可以很簡單定義，指的是在追求高於平均獲利時接受積極的戰略，而且拉高風險。但是什麼是防守策略？防禦型投資人要強調的，不是把事情做對，而是不做錯的事情。

把事情做對與避免做錯有什麼不同？表面上來看，這兩個聽起來很像，但是當你更深入的探討，就會發現這兩個需要的思維模式大不相同，產生的戰術策略也迥異。

防守也許聽起來有點像是要避免不好的結果，但其實並沒有那麼負面消極，實際上，防禦型投資可以看成是追求高報酬的行為，不過，更多是透過避免虧損，而不是透過增加報酬來達成：更多是透過持續又穩健的進展，而非透過偶然的亮麗表現來達成。

防禦型投資有兩個主要要素，第一個是排除投資組合中表現不好的投資標的，要做到這件事，最好的作法是深入評估、採用高選股標準、要求低價與設定較大的誤差邊際（稍後本章會提到這點），而且不要下注在持續看漲、美好的預測和發展等不確定的情境上。

第二個要素是避開市場空頭的時候，尤其是避免處於即將崩盤的危險中。除了前面提過要在投資組合中排除表現不好的個別投資標的，防禦型投資還需要深思熟慮的分散資產、限制承擔的總體風險，以及注重安全性。

集中投資（分散投資的反面）與使用槓桿是進攻型投資的兩個例子，它們會在發揮效用時增加報酬，但沒發揮效用時已經證實會有所損害。再說一次，積極戰術會讓潛在的高點更高，低點更低。然而，如果一味使用進攻型投資，當事情出錯時，可能讓你翻不了身。另一方面，防禦型投資更能幫你度過艱困情勢，讓你有足夠的時間享受聰明投資所帶來的最終回報。㊂

✉投資人必須為不順利的發展做好準備。很多金融活動有理由期望會達到平均表現，但是很可能因為結構不穩定或過度使用槓桿，讓你在一天內出現災難性虧損。

但是事情真的有這麼簡單嗎？應該為不好的日子做好準備說起來容易，但要為多不好的日子做準備？什麼是最糟的狀況？而且你必須每天都準備好應付不好的日子嗎？

就像投資的其他事情一樣，這不是一個黑白分明的事情。你承受的風險取決於你選擇追求的報酬。你建立資產組合的安全性應該根據你願意放棄多少潛在報酬來決定，這沒有正確答案，只有取捨問題。這是為什麼我會在二〇〇七年十二月的備忘錄中加上這段結論：「確保在逆境中存活的能力，以及在多頭行情時讓報酬最大化是相互矛盾的作法，所以投資人必須從中選擇一種。」

〈鳥籠〉（THE AVIARY），二〇〇八年五月十六日

㊂喬爾・葛林布萊特

這是分散投資的另一個取捨。你必須將投資標的足夠分散到能在空頭行情或運氣不好時存活，這樣的話，投資技巧和好的投資流程才能更有機會在長線獲利。

安全邊際

防禦型投資的關鍵要素是華倫・巴菲特所說的「安全邊際」（margin of safety）或是「誤差邊際」（margin for error）（他來回使用這兩個詞的時候似乎沒有差別）。這個主題很重要，值得討論。㊑

倘若未來如預期發展，要成功投資並不困難。如果經濟往一個特定的方向前進，而且特定的產業和公司表現都比其他產業和公司好，那要在這個假設下獲利並沒有什麼祕密。要是未來如你期望的發展，那緊緊鎖定投資目標就能非常成功。

但是你可能會想，如果未來沒那麼好要怎麼應對？簡而言之，當未來不符合你的預期，那你能忍受怎樣的結果出現？這個答案就是**誤差邊際**。㊋

想像一下，一個放款人放款的時候，如果沒有經濟衰退，而且借款人有自己的工作，在這些條件都沒變的情況下，要收回放款並不困難。但是如果條件惡化，那放款能夠收回嗎？再說一次，這就是誤差邊際。如果借款人沒有工作，但他有儲蓄、可銷售資產或其他收入來源，那放款回收的機率就會愈高，這些條件就提供了放款人誤差邊際。

有個簡單的對比。放款人堅持要有誤差邊際，而且只放款給有財力的借款人，那蒙受的放款損失就會比較少。但是放款人的高標準會造成他或她失去放款機會，將這些機會讓給不那麼堅持放款條件的放款人。只要環境依舊良好，積極的放款人看起來會比謹慎的放款人聰明（而且賺更多的錢）。㊎

㊑爾・葛林布萊特
巴菲特提到「安全邊際」和「市場先生」兩個概念，這是參考葛拉漢在投資界最偉大的貢獻。

㊋華・馬克斯
了解不確定性：即使存在不確定性，很多投資人還是會試著選擇能讓報酬最大化的理想策略。但是如果我們承認不確定性存在，我們就應該堅持建立一個大致的安全邊際。當結果不如預期時，至少會有你能忍受的結果。

㊎斯・卡拉曼
這使得花旗銀行執行長查爾斯・普林斯（Charles Prince）在二〇〇七年七月九日英國《金融時報》（*Financial Times*）的報導中下了這個結論：「只要音樂還沒停，你就必須起身，繼續跳舞。」不僅得增加短期獲利，同時也要跟上同業的腳步，這種經營公司的壓力是目前商業文化中最大的問題。

謹慎的放款人只有在空頭行情時透過降低信貸損失的方式得到回報，堅持誤差邊際的放款人不會奢望在高點取得最高的收益，而是避免在低點受到最大的虧損。這是強調防禦型投資的人會發生的事。(克)

這裡有另一個方法來說明誤差邊際。你發現有個東西價值一百美元，如果你用九十美元買下，你會有很好的獲利機會，就算你的假設太過樂觀，虧損的機會也不大。但是如果你用七十美元而不是九十美元買進，你的虧損機會就更低，而這少付出的二十美元就能提供額外的犯錯空間，並且仍然有很好的獲利機會。低價是產生誤差邊際的最終來源。(克)

所以選擇很簡單：試著透過積極戰術達到報酬最大，或是透過誤差邊際建立一個得到保護的投資組合。你不能同時要求兩者達到極致。所以你會選擇進攻、防守，或是攻守混合呢（倘若如此，那攻守的比例各是多少）？

在進攻與防守間取得平衡

在榨取預期獲利和避免虧損這兩種投資人使用的方法中，我相信避免虧損這個方法更為可靠。取得獲利通常需要對即將發生的事情有正確判斷，而要讓虧損減到最小，只要確定實質價值存在、群眾預期合理，而且價格夠低就行了。經驗告訴我，避免虧損是更穩定的方法。

在爭取報酬和限制風險之間，也就是在進攻和防守之間，必須有意識的取得平衡。我

(克)里斯多夫・戴維斯 這個類比很複雜，而且我認為有點問題。在這樣的情況下，是什麼誘因讓保守的投資人去向保守的放款人借款？理性的借款人並不會關心放款人的能力或謹慎程度，只會尋找最低的利率。

(克)里斯多夫・戴維斯 同樣地，時間也是，例如技術落後的風險。

一開始擔任投資組合經理負責的固定收益商品，報酬有限，經理人最大的貢獻來自於避免虧損。因為最高的報酬真的是「固定的」，唯一的波動來自於市場下跌，避免下跌時的波動就是關鍵。因此，要區分你是不是一個債券投資人，不是看你持有多少會付息的債券，而是看你排除多少不會付息的債券。根據葛拉漢和陶德的說法，強調排除的技術，讓固定收益商品投資成為一個**否定的藝術**（negative art）。

換句話說，在股票和其他偏重上漲收益的領域，只有避免虧損並不夠，還必須要有潛在收益。雖然固定收益商品的投資人主要採用排除法的防禦性投資，不過如果想要不只投資在固定收益商品，也就是要尋找更高報酬的投資人，就得在進攻與防守之間找到平衡。

關鍵就是**平衡**這個詞。事實上，投資人除了防守之外，還需要進攻，這並不意味著他們應該無差別的看待這兩者的混合。如果投資人想要爭取更多報酬，他們通常得承擔更多不確定性，也就是更多風險。如果投資人嚮往比債券更高的報酬，那他們就不能奢求只透過避免虧損來達到目的。有些進攻是必要的，但進攻策略會增加不確定性。要選擇往哪個方向走，應該要有意識而明智的做出判斷。

對投資感到恐懼

橡樹資本根據防守策略來投資，或許沒有一件事比這更重要（但是並不排斥進攻策略，我們並不是每件事都採用否定的藝術，如果你沒打算同時考量上漲**和**下跌的可能性，你

就無法成功投資在可轉換債券、不良債權或房地產上）。㊗

✉投資是一個充滿雄性激素的世界，很多人認為自己已經做得很好，只要奮力一搏就能賺到大錢。問問一些「我知道」學派的投資人，他們會告訴你是什麼讓他們變得那麼好，而且你會聽到很多他們過去在投資上擊出全壘打的故事，還有現在的投資組合中哪些有全壘打的潛力。有多少人談到他們的獲利穩定，或是在最糟的空頭行情時表現得並不差呢？

在過去三十五年來，我注意到最讓人驚訝的是，最傑出的投資人，投資生涯都很短暫，雖然不像職業運動員一樣短，但與不需要耗損體力的職業應該有的執業期間相較短得多。

二十五年或三十年前，我第一次管理高收益債券時的主要競爭者現在都去哪裡了？他們幾乎都不在市場，而且更驚人的是，十五年或二十年前在不良債權投資上表現最突出的人，沒有一個至今依然保持領先。

他們去哪裡了？很多是因為組織出問題而讓投資計畫無法持續才消失，其他人雖然一開始擊出全壘打，之後卻被三振出局。

這就帶出我認為最大的一個矛盾：我不認為很多經理人是因為沒有擊出全壘打而結束投資生涯，相反的，他們最後會退出市場是因為他們被三振太多，並不是因為他們沒有擊出足夠的制勝球，而是因為他們擊出太多失誤球。㊐

喬爾・葛林布萊特
投資人要考量風險與報酬間的拉鋸，以及各自發生的可能性，一個方法是將風險與報酬的不對稱最大化，確保你能讓風險降到最小。我之前在別的地方說過，如果你將投資的虧損機會降到最小，那其他替代方案大部分都會不錯。

克里斯多夫・戴維斯
在股票市場，你其實可以更為保守，例如你也可以隱身在大家視為安全的投資下，避免爭議。

但是，有很多經理人還在繼續想著要擊出全壘打。㊩

- 當他們認為有個可能成功的概念或是對未來有正確的看法時，他們會下太多賭注去讓資產組合過於集中在某些標的，而不是分散投資。
- 他們太頻繁換股或試圖找時機進出市場，導致交易成本過高。
- 而且他們安排的投資組合是能在有利情境下得到期望的結果，而不是確保在出現不可避免的誤判或運氣不好時能夠存活下來。

另一方面，在橡樹資本，我們堅持相信「如果我們避開虧損的標的，那獲利的標的自然會照顧自己」。這一開始就是我們的信條，而且未來永遠是如此。我們追求平均打擊率，而不是全壘打。我們知道其他人想要因為極大的成功和輝煌的賽季而登上頭條，但是我們希望因為客戶滿意我們持續良好的績效，得以堅持到最後。

〈你的策略是什麼？〉，二〇〇三年九月五日

圖5-1和5-2指出在假定風險下得到的報酬。當然，這兩個圖不同的地方，在於圖5-1並沒有表現出承受增加的風險會讓不確定性加大，而圖5-2點了出來。圖5-2很清楚，高風險投資所產生的結果，分布範圍比較廣，這包括可能的虧損與期望的收益。

㊩羅・喬森

我相信馬克斯的觀察是正確的，很多投資經理人受到企業保護，因為他們的投資方法帶來太多次的失敗。

透過承受風險成為贏家的進攻型投資是高風險的活動，也許會帶給你追求的獲利……或是帶來明顯的失望。這裡還有幾個因素要考慮：在你捕魚的範圍裡，潛在有利的條件與挑戰愈多，就愈有可能吸引身經百戰的漁夫。除非你的技巧讓你有充分的競爭力，不然你更該祈禱不要成為犧牲者。在沒有必要能力的情況下，不必試圖採取進攻策略、承受風險，以及在有技術挑戰的領域活動。

除了專業技術，主動型投資也需要有勇氣、耐心的客戶（如果你幫其他人操作資金）與可靠的資金。當形勢變得不利時，你需要這些條件幫你渡過難關。也許你的投資決定在長期或平均來看有潛在的獲利，但如果沒有這些條件，主動型投資人可能看不到長期成果。

操作高風險投資組合就像沒用防護網走在高空鋼索上，成功的報酬很高，而且會博得觀眾驚呼，但失誤也會致人於死。

🖂追求優異表現的重點在於勇於做到最好……投資人最早、最基本的一項決定是問：這個投資組合要冒的風險有多大？應該要多強調分散投資、避免虧損與確保表現不低於平均水準的重要性？以及為了有更好的結果，要做出多大程度的犧牲？

我從我最喜歡的幸運餅乾裡學到很多，上面寫著：**謹慎的人很少犯錯，但也寫不出偉大的詩歌**。這有好也有壞，值得深思。謹慎能幫助我們避免犯錯，但也讓我們無法獲得最好的成就。

對我來說，我喜歡小心謹慎的投資經理人。我相信在很多情況下，避免虧損與嚴重空頭的期間，比重複做到最好更容易達成，因此控制風險更有可能創造一個穩定的基礎，達到長期優異的表現。我知道最好的投資人都有幾個特點：對投資感到恐懼、要求高價值與實在的誤差邊際，以及意識到自己有所不知和不能控制的事。㊣保

〈勇於做到最好〉，二〇〇六年九月七日

就像這本書提到的許多事情一樣，在進攻和防守間做選擇並沒有簡單的答案。例如想想這個難解的問題：很多人似乎都不願對任何一件事做到極致，例如只買一檔股票，只對某個類別的資產進行投資，或是只交給單一經理人投資，因為如果這樣的行動沒有效果，可能會明顯損害他們的成績。但是，為了實質幫助你在事情成功時得到報酬，你必須做到極致，而且要極致到在事情失敗時可能會受到實質的傷害。霍

在投資中，幾乎每件事情都是雙面刃：選擇承擔更大的風險、以集中投資取代分散投資，以及使用槓桿來讓效益加倍都是如此。唯一的例外是個人真正的投資能力。至於其他東西，如果有效就會有幫助，這意味著如果無效就會受損害。這使得在進攻和防守間做選擇是如此重要，而且很具挑戰性。

很多人將這個決定視為奮勇向前與退而求其次之間的選擇，然而對深思熟慮的投資人來說，防守可以穩定取得較好的報酬，而進攻常會包含無法滿足的夢想，所以對我來說，防

保羅・喬森

所有投資人都應該注意這個忠告。

霍華・馬克斯

投資人都害怕看錯。這個兩難顯示，害怕犯錯是如何影響判斷的執行，以及如果你擔憂績效表現，要成為一個成功的投資人有多麼困難。因為看錯的痛苦會大到難以忍受，所以投資委員會會為了這個簡單的理由將投資流程「制度化」。但是重點很簡單，而且絕對正確：如果你讓不願犯錯的想法占上風，你就不會為了在投資上取得重大的成就，接受這孤獨、反向投資的要求。

守才是該走的路。

✉防禦型投資策略會使你錯失熱門和火紅的標的，而且會把你留在本壘板上，一次又一次的將棒子放在肩膀上沒有揮出，你也許比其他投資人更少揮出全壘打……但是你也很少被三振出局和雙殺結束比賽。

防禦型投資策略聽起來非常有學問，但我可以簡化成：對投資感到恐懼。㈰擔心虧損的可能性；擔心自己不知道某些事；擔心就算做出高品質的決策，仍然會因為運氣不好或突發事件受到打擊。對投資感到恐懼會避免狂妄自大；使你提高警覺，激發腎上腺素；使你堅持充分的安全邊際；而且在情況出問題時，為你的投資組合做出更好的準備。如果沒有事情出錯，那獲利的標的自然會照顧自己。

〈最重要的事〉，二〇〇三年七月一日

㈰羅・喬森
我喜歡這個評論。我碰到的投資人，很少會對投資感到恐懼，當然除了在市場恐慌的期間。但是即使是在那些時候，他們也不會對投資感到恐懼，因為他們太恐懼了，所以不再投資。

—第18章—

避開投資陷阱

只要能避免犯下大錯，投資人需要做對的事情就可以非常少。㊕

華倫・巴菲特

㊕羅・喬森

巴菲特這句引言足以解釋這一切。

在我的書裡，試著避免虧損比追求優異的成功投資更為重要。優異的成功投資有時可以達成，但是偶然的失敗可能就會造成嚴重虧損。避免虧損則可以經常做到，而且更為可靠……就算失敗，結果也更能忍受。高風險投資組合的下跌可能會讓你失去信念，或是想要在低點賣出。而風險很低的投資組合則會讓你在多頭時不如市場表現，但是沒有人會因此破產，離最悲慘的命運還很遙遠。

心理面與分析面的錯誤

為了避免虧損，我們需要了解造成虧損的投資陷阱，而且避開它們。在這一章，我會集結前面幾章討論過的一些關鍵議題，希望能在一把大傘下將它們凸顯出來，幫助投資人更能警覺到有陷阱的地方。就從了解現存的多種投資陷阱並學習認出它們的樣子開始。

我認為錯誤主要來自分析面／理性面，或是心理面／感性面。分析面／理性面的錯誤很簡單，就是我們蒐集太少或不正確的資訊，或許是我們應用錯誤的分析流程，使得計算出錯，或是忽略應該執行的步驟。這類錯誤多到我無法一一列舉，何況這本書比較關注在心理面／感性面，而不是分析面／理性面。

然而，有種分析面錯誤我想要花點時間討論，這個錯誤我稱為「想像力不足」（failure of imagination）。我的意思是指不能想像到所有可能的結果，或是不能完全了解當更極端的情況發生時會產生什麼結果。㊦

我會在下一章更詳細的討論這個主題。

前面好幾章已經談過來自心理面或感性面的錯誤，像是貪婪與恐懼、將質疑拋諸腦後與懷疑心態、自負與嫉妒、透過承擔風險來追求高報酬的驅動力，以及傾向於高估自己的預測能力。這些心態會導致景氣繁榮和蕭條，而大多數投資人會一起參與，做出真正錯誤的事情。

另一個重要的投資陷阱是沒有認識到市場周期和狂熱，而且往反方向行動，這大部分

㊦克里斯多夫・戴維斯
換句話說，就是量化錯誤與判斷錯誤的對抗。

是心理面因素，但重要到可以單獨歸成一類。周期和趨勢達到極端情況並不常發生，因此這樣的錯誤來源還算罕見，但是這會造成最大的錯誤。強迫遵守共識與投降主義的從眾心態幾乎無法抗拒，不過投資人一定要想辦法抵擋。這些錯誤來源在之前都已經討論過。

想像力不足

想像力不足是指無法事先理解可能的結果會分布在哪些範圍，這個錯誤特別有趣，而且會對許多方面造成影響。

就像前面說過，投資完全就是應對未來。為了投資，我們必須對未來的樣子有個看法。一般來說，除了假設未來看起來很像過去以外，我們的選擇不多。因此很少會看到有個人說：「美國股票的平均本益比在過去五十年是十五倍，而我預測接下來幾年會變成十倍（或二十倍）。」

所以大多數的投資人會拿過去的情況來推斷未來，特別是用最近的情況。為什麼是最近呢？第一，很多重要的金融現象有很長的周期，這意味著經歷過極端事件的人常常在下一次極端出現時已經退休或過世。第二，就像約翰・肯尼斯・高伯瑞所說，金融記憶往往極為短暫。第三，就算有機會記住，也很容易被輕鬆賺錢的承諾所磨滅，而這樣的承諾是最新投資熱潮不可避免的一部分。

未來大部分的時候的確很像過去，因此用過去來推斷並不至於有什麼傷害。但在重要轉折點的時候，未來變得不像過去了，這樣的推斷就會失敗，而且若不是造成很大的金錢虧損，就是沒賺到錢。

因此，回顧布魯斯・紐伯格對機率和結果大不相同的簡潔觀察就很重要。應該不會發生的事情發生了，短期的結果可能偏離長期機率，而且會密集發生。舉個例子，同時擲兩個骰子時，每擲三十六次才會出現一次兩個六點，但是可能發生的情況是先連續擲出五次，接下來的一百七十五次都沒有擲出，長期來看，實際發生的情況與預期發生的機率仍舊相同。

如果認定某件事情「一定會發生」，那當它沒發生的時候就會毀了你。即使你相當了解其中的機率分布，你也不能指望事情會如預期發展，而且你若想要投資成功，就不應該高度仰賴一般的正常情況，相反地，你必須考慮到異常情況。(保)

投資人只有在預期到會出現成果時才會投資，而他們的分析會集中在可能發生的情境上。(賽)

但是千萬別只專注在預期應該會發生的事情，排斥了其他的可能性……而且承受的風險和槓桿不該大到讓負面結果出現時遭受傷害。近期信貸危機中，大部分的崩盤會發生，都是因為事情沒有按照預期發展。

金融危機會發生，大部分是因為從沒見過的事件與無法承受這些事件的槓桿結構風險碰撞在一起的結果。(保)

舉例來說，抵押貸款的衍生性商品設計和評級建立在房價不可能出現全國性的下跌上，因為以往不曾出現過這種情況（或至少沒有在現代統計中出現過）。但接下來房價大規

(保)羅・喬森
這門學問的關鍵就在於這句話：「你必須考慮到異常情況。」馬克斯明確傳達這個訊息。

(賽)斯・卡拉曼
同樣地，絕大多數的賣方（sell-side）分析師都專注研究單一、大部分可能發生的情境，忽略了可能會出現的結果範圍有多廣。

(保)羅・喬森
這是對二〇〇八年信貸危機一個簡單清楚的解釋，而且這說法非常漂亮。

模的下跌，建立在這個假設不可能發生的基礎結構垮了。

另外，值得注意的是，某件事情不可能發生的假設，反倒很有潛力讓事情發生，因為投資人相信事情不可能發生時，就會做出高風險的行為，進而改變環境。二十多年前，**抵押貸款**（mortgage lending）不可避免的會讓人直接聯想到**保守**這個詞。房屋買家的自備款是房價的二〇%至三〇%，傳統上，每個月的房貸還款金額不會超過所得的二五%，房屋會小心估價，而且借款人的所得和財力狀況都必須有文件證明。但近十年來，投資人對抵押貸款擔保證券的喜好上升，部分是因為房地產一直以來的表現都很穩定，大家認為不可能出現全國性抵押貸款違約激增的情況。於是許多這類傳統的規範消失，結果並不讓人意外。

這帶我回到一個我們必須處理的兩難。一個投資人應該投入多少時間和資金來為不可能發生的災難做準備？我們能對每個極端結果做出防禦措施，例如同時防範通貨緊縮和惡性通貨膨脹。但是這樣做的成本很高，而且當這樣的保護措施最終證明沒有必要時，這些成本會侵蝕投資報酬……而且大多數的時間都是如此。如果讓二〇〇八年重來一次，你可以讓投資組合有很好的表現，但是這時你只會持有國庫券、現金和黃金。這是可行的策略嗎？或許不是。所以一般的規則在於，避開投資陷阱很重要，但必須有個極限。對每個投資人來說，這個極限都不一樣。

想像力不足還有另一個重要的層面。每個人都知道資產有預期報酬和風險，而且他們可能會去猜測。但是很少人了解到資產相關性，也就是一個資產會因為另一個資產的改變出現怎樣的反應？或是兩種資產會因為第三種資產的改變做出怎樣類似的反應？了解和預期到相關性的力量，進而知道分散風險的極限，這是風險控制和投資組合管理的主要考量，但是這非常難達成。無法準確預測投資組合中投資標的的連動，就是投資錯誤的來源。

投資人常常沒有意識到可能影響整個投資組合的共同因素。每個人都知道，如果有一檔汽車製造商的股票下跌，擁有共同因素的所有汽車股可能因此同時下跌；但很少人了解到能讓所有美國股票下跌、或所有已開發國家股票下跌、所有全球股票下跌、所有股票和債券下跌的共同因素。

所以想像力不足，首先是沒有預期到未來事件可能出現極端情況，接著則是沒有了解極端事件產生的連鎖效應。㊍

在最近的信貸危機中，有些人也許曾懷疑次級房貸會大量違約，但未必會蔓延到抵押貸款市場外面。很少人看出抵押貸款市場崩盤，但更少人預期到商業本票和貨幣市場基金會因此受害，或是雷曼兄弟、貝爾斯登和美林證券不再是獨立公司，或是通用汽車和克萊斯勒（Chrysler）會申請破產保護，請求紓困。

㊍里斯多夫・戴維斯
這是真的。

心理面產生的三種投資錯誤

從很多方面來看，心理面的力量可說是造成投資錯誤最有趣的來源，它們能對證券價格產生很大的影響，當心理面的力量造成一些投資人抱持極端的看法，而其他人的看法無法拉回取得平衡時，便會使得價格不是太高就是太低，這便是泡沫和崩盤的來源。

心理面的力量會怎麼讓投資人受到傷害？

- 要求投資人屈服於這些力量。
- 讓投資人無意間參與已經因為其他人屈服於這些力量而扭曲的市場。
- 當這些扭曲出現時，投資人無法善加利用。

這三件事情是相同的嗎？我可不這麼認為。我們就從「貪婪」這個最險惡的心理面力量來解析這三種錯誤。

當貪婪過度的時候，證券價格就很容易變得太高，這會使預期報酬降低，風險拉高。這個資產呈現出的錯誤若不是等著產生虧損，就是等著被人利用。

在上面提到的三個錯誤中，第一個錯誤是屈服於負面的影響，意味著跟隨抱持貪婪的心態買進。如果賺錢的欲望讓你抱著「資產會繼續升值或戰術會持續有效」的想法，即便價格太高都會持續買進，這樣你就會大失所望。如果你在價格超過實質價值時買進，你就必須有絕佳的運氣才能賺到錢，而不是產生虧損，因為這個資產得從「價值高估」變成「價值高估更多」。當然，抬高的價格比較有機會出現虧損，而不是出現獲利。

第二個錯誤或許可以稱為「沒察覺的錯誤」。你可能沒受到貪婪誘導。舉例來說，你的 401(k) 退休金計畫也許被動的投資在指數型基金上，穩定的參與股票市場。不過，即使是無意間參與已經因為其他人不顧一切買進而推高的市場，對你也會產生嚴重的影響。

每個負面的影響力量與每種「錯誤」的市場，都代表著獲利的機會，而不只是犯錯的機會。因此，第三種形式的錯誤不是指做出錯誤的事，而是指沒有做出正確的事。一般投資人如果能避開投資陷阱就算幸運，不過卓越的投資人卻可以趁機把握獲利的機會。在貪婪導致股價太高的時候，大多數的投資人都希望可以不要買進，或甚至可以賣出，但卓越的投資人為了在價格下跌時獲利，也許會放空操作。第三種錯誤，也就是沒有在價值高估的時候放空，與前面兩種錯誤不同，這是「疏忽的錯誤」，但這可能是大多數投資人願意忍受的錯誤。

這次不一樣？

就像前面所說的，投資人偶爾願意接受的新奇理論會產生泡沫和崩盤，這些被歸類為心理面的陷阱常常出於「這次不一樣」的信念。在多頭市場，懷疑不足會讓這些事情經常發生，因為投資人相信：

- 某些新的發展會改變世界，
- 過去被視為常態的模式（像是景氣循環的起落）將不再發生，
- 規則已經改變（像是決定企業的信譽和它們的債權值不值得持有的標準），或是
- 傳統的價值評估標準不再適用（包括股票的本益比、債券的收益利差或房地產的資本

化率）。

當投資人變得過於輕信，而且缺乏必要的懷疑時，在鐘擺的擺動方式下（見第九章），這些錯誤常常會同時發生。

總有個合理甚至複雜的解釋來說明，為什麼新的世界第八大奇蹟會對投資人有利。然而，這些提出解釋的人常常忘了提到①新的現象代表違反歷史，②這需要事情進展順利，③其他很多事情可能會發生，以及④那些事情可能會造成災難。

信貸危機該學到的十一大教訓

避開陷阱的第一步關鍵就是小心提防。貪婪和樂觀的結合，一再讓投資人期望能在沒有高風險的情況下追求高報酬，付出高價買進熱門證券，而且在它們的價格變高的時候還繼續持有，希望能持續創新高價。最終，後見之明才顯示每個人都做錯了：這樣的預期並不理性，也忽略了風險。但是，透過痛苦的經驗來學習避開投資陷阱幫助有限，試著預知投資陷阱存在才是關鍵。為了說明這點，我們把話題轉回最近的信貸危機。

市場就像間教室，每天都在幫我們上課。投資成功的關鍵在於觀察和學習。二〇〇七年十二月，隨著次貸問題浮上檯面，蔓延到其他市場的可能性也變得明朗，我開始列舉我認為應該從中學到的教訓。完成這項工作之後，我了解到這不只是近期危機才該學到的教訓，

一直以來這些都是關鍵教訓。雖然我在很多地方已經提過了，不過我在這裡集中起來再說一次，我想你也會有些收穫。㊗

✉我們從這次危機學到什麼？或是說應該學到什麼？

- **資金太容易取得，導致資金流向錯誤的地方**。當資金缺乏但又有需求的時候，投資人會在資金做最好的運用下選擇資產配置，而且他們會耐心有紀律的做出投資決定。但是當太多資金追逐太少標的時，投資人就會投入不值得投資的標的。
- **當資金去了不該去的地方，就會發生不好的事**。當資本市場緊縮時，值得幫助的借款人借不到錢。但當資金到處都有時，不符資格的借款人沒花什麼力氣就能拿到資金，這不可避免會出現違約、破產和虧損的結果。
- **當資金供給過剩時，投資人要爭取交易，就得接受低報酬和較小的錯誤邊際**。當一般人想要買進某個東西時，他們會用拍賣競標的方式，將出價愈抬愈高。想想看，出價愈高，等於是在說金錢的回報更少。因此，投資的出價也可以視為投資人表達需要的報酬，以及他們願意接受的風險。㊐
- **普遍忽視風險可能會產生更大的風險**。「事情不會變糟」、「價格沒有太高」、「有人會出更高的價格來跟我買」、「如果動作不快點，有人會先買走」，這些話都表示對風險漠不關心。這個循環出現的說法顯示大家認為，因為他們會買進

㊗羅・喬森
下面列出二〇〇八年危機所學到的教訓都是非常清楚、深刻的看法。這些力量摧毀許多提供投資組合與金融服務的公司，我想這點並不需要強調。

㊐里斯多夫・戴維斯
這是為什麼我們總是用盈餘殖利率（earning yield，剛好是本益比的相反）而不是本益比來考量的理由。這樣做能很容易地比較不同的固定收益商品。

更好的公司，或是從放款人那裡取得更為寬鬆的融資，所以收購交易能夠採用愈來愈高的槓桿。這使他們忽略風險產生的不利發展，以及高槓桿資本結構本身的危險。

- **實質審查不足導致投資虧損**。防止虧損最好的方法是採取全面而透徹的分析，而且堅持巴菲特強調的「錯誤邊際」。但是在過熱的市場，大家擔心的是錯失良機，而不是虧錢，而且花時間、抱持懷疑態度來分析是老頑固的作法。
- **在這讓人興奮的時期，資金都流向新創投資，不過有很多都經不起時間考驗**。看多的投資人會專注在可能賺錢的機會，而不是可能出錯的地方。渴望取代謹慎，導致一般人接受不了解的新投資產品，之後他們才會懷疑當初為什麼會這樣想。
- **整個投資組合都有隱藏的斷層線通過，看似不相關的資產，價格會因此產生連動**。評估一項投資標的的報酬和風險比較容易，了解與其他投資標的的相對漲跌比較困難。相關性常常被低估，尤其是因為危機導致連動程度增加的時候。一個投資組合也許在資產類型、產業和地理環境上做到分散投資，但是在艱困時期，追繳保證金、市場凍結和風險趨避心態上揚等非基本面因素可能會主導行情，對每件事產生類似的影響。
- **心理面與技術面因素會蓋過基本面**。長期來看，價值的創造和毀滅都是透過經濟趨勢、企業盈餘、產品需求和管理技巧等基本面驅動。但短期來看，市場會對投資人心理狀態與技術面因素有很大的反應，因為它們會影響資產的供給和需求。

事實上，我認為短期來看，信心的重要性大於一切。就這一點而言，任何事情都有可能發生，產生的結果無法預測，也不理性。(喬)

- **市場改變，使得原來的獲利模式無效。**「量化專家」推出的基金碰到的主要困難，就是電腦模型與模型依賴的假設失效。當電腦在管理投資組合時，主要是從過去的市場模式中獲利，它們不能預測這些模式已經改變，無法預期到異常的時期，因此通常會高估過去模式的可靠程度。(克)
- **槓桿會放大結果，但不會增加價值。**利用槓桿加碼低價買進的資產可以提供高報酬或高風險溢酬，這樣的投資是有道理的，但是如果利用槓桿加碼更多提供低報酬或風險利差較小的資產就很危險了。換句話說，這些資產的價格可能已經充分反映本身的價值，甚至價格已經太高。因此，使用槓桿把過低的報酬率變成適當的報酬率是沒有意義的。(保)
- **矯枉過正。**在「事情總是很好」的假設下，投資人極度樂觀，再加上市場出現「完美價格」（priced for perfection），這就奠下資金崩毀的前兆。會出現這樣的結果，可能是因為投資人假設的結果太過樂觀，或是發生負面事件，又或者只是因為價格高到無法支撐下去。

這十一點教訓可以簡化成一點：警覺周遭可用來投資的資金供需狀況，以及想要花掉這些資金的熱切程度。我們知道當資金太少而且沒什麼人願意借錢給別人的

(喬)爾・葛林布萊特
市場最終會回到正確的位置。短期來說，心理面和技術面因素會使長期等待變得極為痛苦，但常常也是絕佳的機會來源。

(克)里斯多夫・戴維斯
或是像巴菲特說的：「小心使用模型的技客（geek）。」

(保)羅・喬森
槓桿這枚子彈所扮演的角色需要特別強調，太多投資人沒有了解到這點的重要性。

時候，有價值的投資會變得沒人要，而且經濟體的商業活動放緩，這稱為信用緊縮。但是相反的情況也值得注意，只是沒有正式的說法來形容這種情況，也許可以說，這是「太多的錢追逐太少的標的」。

不論怎麼形容，就像我們在二〇〇四至二〇〇七年看到資金過度供給與伴隨而來的缺乏謹慎，這些有害的影響都會危及你的健全投資，必須認清並加以應對。

〈這次沒有不一樣〉，二〇〇七年十二月十七日

信貸危機出現的投資錯誤

全球危機提供一個絕佳的學習機會，因為實在出現太多嚴重的投資錯誤，以及我在二〇〇七年十二月備忘錄列出來的種種教訓。到處都有投資陷阱，在危機爆發前幾年，投資人全無擔憂，甚至熱情搶進，大家相信風險已經消除，因此只需要煩惱錯失機會，跟不上賺錢行列，而不是擔心金錢虧損。在不可靠的假設基礎下，接受高風險、未經證實的創新投資，還過分重視不透明的電腦模型與程式交易、金融工程師與量化專家，以及在繁榮發展時期蒐集的績效紀錄。結果槓桿一層又一層的往上疊加。㊣

幾乎沒有人能準確知道會出現什麼後果，但很有可能已經意識到這遲早會出狀況。即使特定的投資陷阱沒有那麼容易看清和避免，還是足以認清有多少潛伏在四周的投資陷阱，進而採取更為防禦的操作。在這場危機中，不去這樣做就是很大的錯誤。

㊣華・馬克斯

了解最危險的事：高度信任與相應而來的低度懷疑總是在價格上漲時扮演重大角色，然後每個人都會看到已經漲得太高。融資買進常常會讓增加的價格拉抬得更高，隨之而來的是災難發生的機率增加，而且災難造成的痛苦也會加大。這些都是最危險的事。

在危機爆發之前，投資人應該做些什麼？答案就是：

- 注意其他人不經思考、輕率的行為，
- 做好行情反轉向下的心理準備，
- 賣出資產，或是至少賣出風險較高的資產，
- 降低槓桿，
- 增加現金部位（而且如果你幫其他人操盤的話，把現金還給客戶），以及
- 增加整體投資組合的防禦程度。

在那個時候，任何一種作法都會很有幫助。雖然在二〇〇八年崩盤時大部分的投資標的表現都不好，但是只要提高警覺，仍有可能比其他人虧損更少，而降低痛苦。雖然要完全避開下跌幾乎是不可能的事，但是虧損較少這種相對超出市場的表現，足以讓你在下跌時做得更好，而且在反彈時占有更大的優勢。

這場危機充滿著潛在的投資陷阱：第一，屈服於市場力量導致虧損，接著不敢進場而錯失機會。在相對沒有虧損的期間，一般人很容易認為風險會波動，而且相信自己能忍受。倘若真是如此，他們會先經歷價格下跌，然後在低價時加碼，接著享受復甦行情，長期而言便能享受勝利的成果。但是如果高估忍受波動和維持鎮定的能力（無奈投資人總是如此），那當市場處於低點時，錯誤就會出現。投資人失去信心和決心，導致在最低點賣出，將向下

的波動轉變成永久的虧損，以致無法完全參與接下來的復甦。這是投資會犯的最大錯誤，也是順著周期操作最不幸的結果，因為這個結果會產生永久的影響，而且往往給投資組合帶來很大的變動。㊂㊃

如果根據周期逆向操作是在近期危機中避免受到全面影響的主要要素，順著周期操作就代表著最大的潛在投資陷阱。在市場繁榮期間維持多頭部位（或加碼）的投資人，為崩盤和接下來的復甦所做的準備最少，因為——

- 像往常一樣，失去信心之後，使很多投資人無法在正確的時間做正確的事。
- 經理人忙著思考手上的問題投資標的該怎麼補救。
- 追繳保證金通知和沒收抵押品使得槓桿工具無法使用。
- 下跌走勢產生最大的心理面衝擊。

雖然防禦型投資人並沒有追求相對優異的績效，但是當虧損比其他人少的時候，人性的作用會讓他們與受創較少的客戶在下跌走勢時感到安心。這有兩個很重要的影響。第一，這能讓他們保持鎮定，抵抗常會使投資人在低點賣出的心理壓力。第二，在有較好的心態和財務條件下，他們更能買在低點，在市場殺戮戰中獲利。因此，他們通常會在復甦時表現得更好。

沒錯，這就是這幾年發生的事。信貸市場在二〇〇七至二〇〇八年遭受特別嚴重的打

㊂**克里斯多夫・戴維斯**
一九七五年我們在戴維斯顧問公司就有這樣的經驗。

㊃**喬爾・葛林布萊特**
投資人要了解自己。在下跌時，你能承受多少痛苦？這應該取決於你一開始對特定投資標的與投資類型的配置規模。

擊，因為那裡的投資焦點專注在創新、承受風險和使用槓桿。相對地，信貸市場在二〇〇九年的獲利也是有史以來最高。在衰退時期存活下來，而且在低點時買進就是成功的最佳方程式，這是特別成功的作法，但是首先需要避免投資陷阱。

從錯誤中尋找投資機會

犯錯的公式很簡單，但出現的方式多到不勝枚舉，這裡就列出一些常見的要素：

- 分析過程中，數據或計算錯誤導致錯誤的價值評估；
- 低估可能發生情況的範圍或產生的結果；
- 貪婪、害怕、嫉妒、自負、將質疑拋諸腦後、盲從或投降心態，或是這些現象的結合達到極端；
- 結果是，不論承受的風險或是趨避的風險都到了頂點；
- 價格明顯偏離實際價值；以及
- 投資人沒有注意到價格偏離，或許還促使價格偏離得更嚴重。

理想上，聰明謹慎的第二層思考者會注意分析面的投資錯誤與其他投資人的失敗作法，進而採取適當的反應。他們在過熱或過冷的市場發掘高估或低估的資產，他們訂出投資方向，避免犯下其他投資人有過的錯誤，而且希望能從中獲利。投資錯誤的結果可以很簡單地定義，那就是價格偏離實質價值，但是要找出投資錯誤並做出反應並不簡單。

錯誤會不斷變化，這是讓人著迷卻又深具挑戰的事。有時候錯誤是價格太高，有時則是價格太低。價格偏離價值，有時會影響個別證券或資產，有時則會影響市場，可能是這個市場或是那個市場；有時是因為做了一件事而犯錯，有時則是因為沒做一件事而犯錯；有時是因為看漲而犯錯，有時則是因為看跌而犯錯。

而且根據定義，當然大部分的人都會犯錯，因為如果他們沒犯錯，就不會有投資錯誤存在。採取相反的行動需要承受反向投資人的處境，在很長的時間都得強忍孤獨和做錯事的感覺。

就像是這本書探討的其他問題，避免投資陷阱、認清錯誤並做好應對行動沒有一套規則、算式或路徑可以遵循，我只能強調投資人要有意識、彈性與適應性，而且有專注於從環境中發掘線索的思維模式。

✉有個增進投資績效的方法是思考「今天犯了什麼錯」，而且試著避免它，這也是我們在橡樹資本嚴格應用的方法。

有時候投資會出現下面的錯誤：

- 沒有買進，㊋

㊋**喬爾・葛林布萊特**
其實外面的世界還很遼闊，優秀的投資人並不需要擔心這點。

- 買得不夠，
- 沒有跟著競價，
- 持有太多現金，
- 沒有使用足夠的槓桿，或
- 沒有承擔足夠的風險。

我不認為這能用來描述二〇〇四年的情況。我從未聽過等待心臟手術的人在抱怨：「真希望能多上點班。」同樣的，我不認為有人會在幾年後回顧今年的操作表現時說：「我希望二〇〇四年多投資一點。」相反的，我認為今年會犯的錯誤是：

- 買得太多，
- 積極買進，
- 出價太高，
- 使用太多槓桿，而且
- 為了追求優異的報酬承擔太多風險。

有時候投資錯誤是因為不作為，也就是有些事情該做但沒有做。但我認為今天的錯誤是有作為，也就是有些不該做的事卻做了。有時需要積極買進，但我認為這個時候應該要小心謹慎。

〈今天的風險和報酬〉，二〇〇四年十月二十七日

最後，重要的是要記住，除了有時候會出現有作為（也就是買進）與不作為（也就是沒買進）的錯誤，但有些時候，錯誤並不明顯。當投資人心態達到均衡狀態，恐懼和貪婪取得平衡的時候，資產價格會反映實際價值。在這種情況下，或許不用採取行動，知道這點也很重要。當沒什麼特別聰明的事要做的時候，逞一時聰明去做，反倒可能會掉入潛在的投資陷阱中。㊅

㊅**克里斯多夫・戴維斯**
這段話說得非常好。

第19章

增加價值

能夠增加價值的投資人，呈現出的績效表現並不對稱。他們得到的市場獲利數字遠比虧損數字高……只有依靠投資技巧，在有利環境中增加的價值，才能比在不利環境中增加的成本還高。這就是我們追求的投資績效不對稱。

要讓風險和報酬與市場一致並不困難，難的是怎麼增加價值，比市場表現更好。這需要優異的投資技巧、優異的洞察力。所以在這本書接近結尾的時候，我們繞了一圈回到第一章，談談第二層思考的人擁有的特殊技巧。

這章的目的是要解釋，「技巧高超的投資人能夠增加價值」代表什麼意思。為了達到這個目的，我要介紹投資理論中的兩個名詞，一個是β值，這是衡量一個投資組合相對於市場變動的敏感程度；另一個是α值，我定義為個人的投資技巧，或是說排除市場波動下，創造績效的能力。

α值與β值

我在之前提過，很容易獲得市場報酬。一個被動的指數型基金可以按股票市值比例，持有市場上每一支股票，就能創造出與市場一樣的報酬。因此，這檔指數型基金反映出市場的所有特徵，例如上漲潛力、下跌風險、β值或波動性、成長性、昂貴或便宜、品質好或沒品質，也反映出市場報酬率。這是沒有價值增加的投資縮影。

因此可以這麼說，股市投資人剛開始投資時，並不需要從一張白紙著手，可能可以先從簡單模仿指數入門。他們可以拋開指數型基金，按照市場權重買進指數裡的每支股票，這樣他們的績效就會與指數的表現一樣，或是他們可以試著透過主動而非被動的投資方法，創造高於市場的績效。

主動型投資人有很多種選擇。第一，他們可以決定建立的投資組合要比指數更偏向進攻策略，還是防守策略，或者是要一直持有，還是要試著抓準市場時機進出。舉例來說，如果投資人選擇進攻策略，他們可以藉著加碼比指數波動更高的股票或是利用槓桿操作，增加投資組合對市場的敏感度，這些作法會增加投資組合的「系統性」風險，也就是β值（然而理論上來說，儘管這也許會增加投資組合的報酬，但報酬的增加完全是系統性風險增加所造成，因此這些作法並不會增加這個資產組合的風險調整後報酬）。

第二，投資人可以偏離指數，利用選股能力加碼、減碼指數裡的某些股票，或是排除某檔股票不投資，或是增加投資一些不在指數裡的股票。這種作法可以改變投資組合受個別公司引發特定事件的曝險程度，而且可以讓價格變動只受特定股票影響，而不是整體指數影響。因為「非系統性」（我們會說「異質性」）的理由使得構成的投資組合偏離指數，它們的報酬也會偏離市場報酬。然而長期來看，除非投資人有優異的洞察力，不然這樣的偏離會相互抵銷，而且風險調整後的報酬也會趨近指數報酬。

第一章提到，沒有優異洞察力的主動型投資人表現不會比被動型投資人好，而且不應該預期他們的投資組合比被動型投資組合的績效更好。他們可以試著努力將操盤重點放在進攻或防守，或是頻繁交易，但是別預期他們的風險調整後報酬會比被動型投資組合的報酬要好（而且可能會因為非系統性風險與沒帶來什麼成果的交易成本，讓績效變得更糟）。

這並不是指如果市場指數上漲一五％，就可以預期每個無法增加價值的主動型投資人可以達到一五％的報酬率，他們主動持有的投資組合都不同，有些人的表現會比其他人好……只是持續不久或不可靠。每個投資組合匯集起來就是整個市場，但每個投資組合都有自己的特性。

舉例來說，喜好風險的積極投資人應該可以預期在多頭行情時表現得比指數好，空頭行情時則虧損得比指數多，這就是β值有用的地方。在投資理論中，**β值**的意思是相對波動，或是相對於市場報酬的資本組合報酬反應。如果一個投資組合的β值大於一，可以預期它會比參考的市場波動更大，而β值小於一則波動更小。在省略非系統來源的風險下，拿市場報酬乘上一個投資組合的β值，就可以得到這個投資組合預期中的報酬。如果一個市場上漲一五％，一個投資組合的β值是一・二，那這個投資組合的報酬率就是一八％（再加上α

值）。

看看這些資訊，理論上來說增加的報酬可以由增加的系統性風險，也就是β值來解釋。理論還說，報酬不會為了補償投資人所冒的非系統性風險而增加，為什麼會這樣？因為根據這個理論，市場會補償的風險是投資裡原有或不可避免的風險，也就是系統性或「不可分散的」風險。持有個別股票而造成的其他風險就是非系統性風險，因為這個風險可以藉由分散投資來消除，那為什麼還要市場因為投資人忍受這些風險而補償額外的報酬呢？

因此，根據這個理論，下面這個公式可以用來解釋投資組合的報酬（y）

$$y = \alpha + \beta x$$

這裡的α係數就是α值，β係數就是β值，而x則是市場報酬。投資組合中與市場相關的報酬就是β值乘上市場報酬，再加上α值（投資技巧帶來的報酬）就是總報酬（當然，理論認為並不會有α值存在）。

就像前面所說，雖然我不認為要把風險等同於波動性看待，但我堅信在考量一個投資組合的報酬率時要考慮整體的風險。（克）

一個利用高風險投資組合賺得一八%的投資經理人，並沒有比利用低風險投資組合賺得一八%的投資經理人優異。關鍵還是要看風險調整後的報酬，因為風險比波動更不能量化，所以我認為最好的判斷方式是透過人為判斷，而非精密的科學計算。（喬）

（克）里斯多夫．戴維斯
但是拿β值來衡量風險是正確的嗎？這似乎與之前討論風險的內容有點背道而馳。不過即使β值並不是最有意義或適當的衡量標準，可以肯定的是，橡樹資本在取得風險調整後的報酬方面做得很好。

（喬）爾．葛林布萊特
對（學過其他概念的）商學院學生來說，這個概念非常重要。

當然，我也不認為在這個式子裡的α值必須是零。投資技巧確實存在，雖然並不是人人都有。只有考量風險調整後的報酬，才能知道哪個投資人擁有優異的洞察力、投資技巧或α值……也就是說，才能知道哪個投資人能增加價值。

✉ 要衡量投資組合、經理人、投資策略和資產配置計畫，α值與β值的模型是非常好的方法。這真的是有條理的方法，可以用來思考有多少報酬來自於投資環境，還有多少報酬來自於經理人增加的價值。舉例來說，很顯然下面這個經理人沒有任何投資技巧。

期間	參考指標報酬率	投資組合報酬率
1	10	10
2	6	6
3	0	0
4	-10	-10
5	20	20

但是下面這個投資經理人也是（報酬正好是市場報酬的一半）：

期間	參考指標報酬率	投資組合報酬率
1	10	5
2	6	3
3	0	0
4	-10	-5
5	20	10

或是像這個經理人也是（報酬是市場報酬的兩倍）：

期間	參考指標報酬率	投資組合報酬率
1	10	20
2	6	12
3	0	0
4	-10	-20
5	20	40

而這個經理人看來有點投資技巧：

期間	參考指標報酬率	投資組合報酬率
1	10	11
2	6	8
3	0	-1
4	-10	-9
5	20	21

這個經理人的投資技巧好很多：

期間	參考指標報酬率	投資組合報酬率
1	10	12
2	6	10
3	0	3
4	-10	2
5	20	30

如果你能忍受大幅波動，那這個經理人的投資技巧非常好：

期間	參考指標報酬率	投資組合報酬率
1	10	25
2	6	20
3	0	-5
4	-10	-20
5	20	25

這些表格很明顯的說明「打敗市場」和「優異投資」並不能等同而論，見第三個例子的第一期和第二期數字就知道，重要的不是你得到的報酬，而是你承擔了多少風險去得到這些報酬。

〈報酬以及得到報酬的方法〉，二〇〇二年十一月十一日

績效表現的不對稱

在評估一個投資人的投資技巧和比較一個防禦型投資人與進攻型投資人的績效紀錄

時，記住這些考量十分重要。你也許可以稱這個過程為**投資風格調整**（style adjusting）。

在空頭行情的時候，防禦型投資人的虧損比進攻型投資人少，他們有增加價值嗎？未必。在多頭行情的時候，進攻型投資人賺得比防禦型投資人多，他們有做得比較好嗎？很少人會在沒有進一步調查前就認為他們做得比較好。

只用一年的資料幾乎無法說明投資技巧的好壞，尤其是當結果符合投資風格所預期的報酬的時候。在上漲的市場，一個承受高風險的投資人獲得高報酬，或是在下跌的市場，一個保守的投資人能夠讓虧損降到最低，這些透露出的意涵實在很少。真正的問題是他們在長期與在環境狀況不符合他們的投資風格時表現如何。

以下就用一個二乘二的矩陣說明這件事。

這個矩陣的關鍵是績效表現的對稱與不對稱。缺乏技巧的投資人賺得的報酬只是由市場與採用的投資風格來決定。同樣沒有投資技巧，進攻型投資人在多空兩方的表現波動都會加大，防禦型投資人則都會縮小。這

	進攻型投資人	防禦型投資人
沒有投資技巧	當市場上漲時可以賺得很多，下跌時則會虧得很多。	當市場下跌時不會虧得很多，但當市場上漲時賺到的獲利會少很多。
有投資技巧	當市場上漲時可以賺得很多，但當市場下跌時，不會像市場下跌幅度一樣虧得那麼多。	當市場下跌時不會虧得很多，但是當市場上漲時只能獲取合理的部分獲利。

些投資人除了投資風格的選擇外，並沒有其他條件讓報酬增加。當他或她的投資風格符合市場走勢時，就會表現很好，但不符合市場走勢就會表現很差。

另一方面，能夠增加價值的投資人，呈現出的績效表現並不對稱。他們得到的市場獲利數字遠比虧損數字高。擁有投資技巧的進攻型投資人在多頭市場表現良好，而在跌幅相當的空頭市場並不會把所有獲利都吐回去，而擁有投資技巧的防禦型投資人在空頭市場虧損相對較少，而在多頭市場只能得到合理獲利。

投資的每一件事都是雙面刃，而且運作都是對稱的，但擁有優異的技巧除外。只有依靠投資技巧，在有利環境中增加的價值，才能比在不利環境中增加的成本還高。這就是我們追求的投資績效不對稱，而優異的技巧則是先決條件。㊋

㊋爾・葛林布萊特

再說一次，找出有技巧的投資人實際上是去了解投資流程，而不是評估最近的報酬。

空頭行情時一定要擊敗大盤

下面我就來描述橡樹資本的報酬期望：

在多頭行情的時候，達到平均報酬就夠了。既然每個人都會在多頭行情的時候賺錢，為什麼在市場表現良好時戰勝市場很重要？這個問題我到現在還沒聽過一個可以說服我的答案。何必呢，在多頭行情的時候只要有平均報酬就夠了。

然而，有個時間我們認為一定要擊敗大盤，那就是在空頭行情的時候。我們的客戶不希望承受與市場下跌時相同幅度的虧損，我們也不希望。

因此，我們的目標是在市場好的時候表現得和市場一樣好，在市場不好的時候表現得比市場更好。乍看之下，這聽起來很普通，但實際上卻是相當有野心的目標。

為了在市場好的時候跟上市場的表現，一個投資組合必須納入β值不錯的投資標的，建立與市場的相關性。但是如果在市場上漲時受到β值與市場相關性的幫助，那在市場下跌時，這些投資標的不也會傷害我們嗎？

如果我們能持續在市場下跌時讓虧損減少，而且在市場上漲時充分參與市場，這都得歸功於α值，也就是投資技巧。

這就是一個增加價值的投資，而且如果能經得起數十年的驗證，那這樣的成功一定來自於投資技巧。㊋

相對於投資風格，上漲賺得的績效比下跌產生的虧損幅度還大，這樣不對稱的績效表現應該是每個投資人的目標。

喬爾・葛林布萊特

然而，與橡樹資本不同的是，很多投資機構會因為長期良好的投資紀錄布局大量的資產。不過有了更多資金之後，經理人常會投資在沒列入長期良好紀錄名單的資產。當投資機會減少時，橡樹資本確實可以獲得資本回報。很少投資機構會依照這樣的投資方法。

第20章

合理預期

對報酬的期待必須合理。任何事情都可能讓你惹上麻煩，這樣的麻煩通常是因為接受比預期還大的風險。

我想要強調，沒有哪個投資組合比較能成功，除非報酬目標很明顯，而且以絕對風險和相對風險考量都很合理。每項投資的成果都應該從你試著達成的目標來判斷，所以關鍵問題是：什麼是你的報酬目標、你能忍受多少風險，以及你暫時需要多少現金？

得到高報酬的條件

設定報酬目標必須合理，那我們該追求怎樣的報酬呢？大部分的時候，追求個位數或低於兩位數的報酬是很合理的作法，雖然在特別的時間點這並不是必要條件（而且在今天也不是必要條件）。一六％至一九％的報酬率非常特殊，這得在經驗豐富的投資專家（而且只有最好的投資專家）身上才容易看到。持續維持特殊的報酬也一樣少見。對報酬有太多預期，很有可能會讓你失望或造成虧損。這只有一個解決方法，就是自問預期的結果是不是有好到不像是真的。這需要抱持懷疑的態度，投資要成功，這絕對是很重要的技巧。

我並不認為在資本市場正常運作下，承擔正常的風險與資本市場的運作就能預期得到更多的報酬，高報酬是「不正常的」，而要達到這樣的成果需要綜合下面一些條件：

- 在極度看空的環境中買進（希望接著有個看多的環境可以賣出），
- 擁有特殊的投資技巧，
- 承受大量的風險，
- 採取高槓桿操作，或是
- 擁有很好的運氣。

因此，只有在相信上述的一些條件存在，而且願意為這樣的想法投入資金，才能追求高報酬。然而，在某種程度上，每個條件都有些問題。絕佳的買進機會並不會天天出現；特殊的投資技巧就定義來看十分罕見；當事情發展不如預期時，承擔風險可能會對你不利；槓桿操作也是如此，它會同時在多空兩個方向作用，獲利加倍的同時，虧損也會加倍；也沒辦法光憑運氣。投資技巧是這些要素中最短暫，也是最罕見的（而且就算是有投資技巧，也不能依靠它在低報酬環境賺得高報酬）。

馬多夫醜聞的教訓

有時候會出現一些證據，證明合理預期很重要，而沒有一個證據比最近的馬多夫騙局更受人矚目。

伯納德・馬多夫設下的有史以來最大的龐式騙局終於敗露，他能逍遙法外，主要原因就是他的投資客戶沒有質疑他那傳說中的投資績效真的有可能達成嗎？

馬多夫宣稱的報酬並不算高得異常，一年一〇％左右而已，但特別的是他每年都能達成這個目標，想看到他某個月出現虧損也很難。他的投資客戶很少問他如何得到這些報酬，或是懷疑這實際上有可能發生嗎？

在二十世紀大多數的時間裡，股票平均也有一〇％的報酬。但是在這之中會伴隨大幅波動與不少年的下跌，事實上，就算平均有一〇％的報酬，個別年份的報酬也很少會出現一〇％這個數字，歷史顯示，股票報酬會高度變動。

如果你尋找的是可靠的報酬，你可以選擇國庫券，就能免除價格波動、信貸風險、通貨膨脹風險或是流動性不足的問題，但是國庫券的歷史報酬都只有個位數。

那馬多夫怎麼能創造出跟股票一樣高的報酬，而且又像國庫券一樣可靠呢？在前面提出的五項要素裡，他又擁有了哪幾項？

- 不論投資環境如何，他近二十年的時間都達成這些報酬目標。
- 沒有人了解他擁有什麼特定的投資技巧，如果他有特殊的電腦模型，又是怎樣讓其他人無法發覺與仿效？
- 他宣稱並不是基於努力預測市場走向或選擇特定股票得到這樣的報酬。
- 他承認並沒有採用槓桿操作。
- 沒有人能長期走運。

馬多夫的報酬簡單到找不到合理的解釋，他的投資客戶可能可以說：「我檢查過。」或是說：「我認為這很合理。」但不可能說出：「我檢查過，而且很合理。」他的方法和結果簡單到找不出任何證據支持，沒有足夠的選擇能優異得讓他管理的資產持續運作，就算可以持續下去，他描述的策略也不能在虧損的月份創造他宣稱的價值。但是當大家被告知可以賺得意外之財時，就會習慣停止懷疑，而且接受不合理的預期。馬多夫醜聞就是一個特殊例子，面對如此不合理的預期報酬，很重要的是應該說出「這好到不像是真的」，但是很少人能夠這樣做。

既然提到馬多夫，我想提出一個好方法來分辨合理與不合理的預期。除了問：「這是否好到不像是真的？」還可以問：「為什麼是我得到這個好運？」當銷售員在電話上提供你保證獲利的產品時，你應該懷疑這樣的產品為什麼要提供給你，而不是他自己留著？同樣有點微妙的是，如果一個經濟學家或策略專家提供一個觀點，認為未來肯定會如何如何時，你應該懷疑他或她為什麼還在現在的崗位上，畢竟衍生性商品能夠將正確的預測轉換成龐大的獲利，而且不需要太多資金就能達成。

否決市場時機

每個人都想知道如何做出正確的判斷，引導投資成功，最近就有人問我：「你如何確定投資在低點，而不是太快出手？」找出低點是讓預期變得合理的其中一件事。面對這個問題我的回答很簡單：「你沒辦法確定。」

「低點」是一個資產的價格停止下跌，而準備開始上漲的那個點，只有事後回顧才能確定。

如果市場是合理的，也就是說不會出現「賣出價格」比「公平價值」少的情況，我們可以說，當價格達到公平價值的那個點時，就達到低點了。但是市場一直以來都會衝過頭，價格會持續下跌到超過應該停下來的公平價值，沒有方法可以知道何時價格會達到無法持續再跌的低點。因此，很重要的是要了解「便宜」遠遠不等於「不再進一步下跌」。

我試著用合乎邏輯的方式來看待「低點」。在一個資產下跌時，有三個時機點可以買進：正在下跌的時候、在低點的時候、起漲的時候。我不相信我們能知道什麼時間到達低點，就算我們知道，在那個點買進資產也不會有太大影響。

如果等到價格過了低點，開始回升的時候，上升的價格常會吸引其他投資人買進，這只會讓持有者更有信心，不想要賣出。當供給緊縮，而且很難大量購買的時候，買家會發現，現在再買已經太遲了。

所以買氣下滑時，我們應該很高興看待。好消息是，我們可以在價格崩盤，而且其他人以「我們的工作並不是要接掉下來的刀子」為藉口時買進。畢竟，刀子急墜的時候正是資產價格最便宜的時候。

法國哲學家伏爾泰（Voltaire）曾說過一句很重要的話：「完美是優秀的敵人。」這特別適合應用在投資界。堅持唯有符合完美條件（例如只買在低點）才進場的投資人，可能會因此錯過很多機會。在投資界中堅持完美往往會毫無收穫，我們能期望的最好狀況是進行很多很好的投資，排除大部分糟糕的投資。

那橡樹資本怎麼會知道什麼時候該要買進？我們不會去追求完美，或是去確定什麼時候會達到低點。相反地，如果我們認為某個投資標的夠便宜，就會買進；如果它變得愈來愈便宜，就會買得更多；而且如果我們將所有資金都投資下去，應該會賺得更多。

在我們的六項投資哲學中，有一條就是「否決市場時機」，因為我們花了很大力氣去審視市場環境，而且我們當然不會在沒考量風險和報酬的市場環境投資。相反地，對市場時機沒有興趣意味著我們更重視價格是否便宜。如果我們發現有個投資標的很吸引人，我們從不會說：「這個投資標的今天很便宜，但是我想六個月後會更便宜，所以我們晚一點再買。」希望能在低點買進是個不切實際的作法。

追求足夠的報酬就好

除了過於信任和缺乏風險意識之外，我認為在打造近期金融危機與接下來的市場崩盤過程中，不合理的預期扮演著領導角色。

這是我想像一個典型投資人在二〇〇五至二〇〇七年面對風險的態度，不論散戶還是法人都是如此：

> 我需要八％的報酬，但我很高興可以賺到一〇％，一二％更好，一五％最好，二〇％就好極了，如果有三〇％那簡直太棒了。

大多數的人有這樣的想像獨白並不算錯，但是有些事情實在是錯很大……因為投資人並沒有質疑給定的目標是否合理，而且也沒有問該怎麼做才能達成目標。真實情況是，在既定環境下追求較高的報酬通常都需要增加承擔的風險，像是投資在較高風險的股票或債券、更集中投資，或是增加槓桿操作。

一個典型的投資人應該這樣說：

> 我需要八％的報酬，但我很高興可以賺到一〇％，一二％更好，但是我不會試著賺更多，因為這樣得承擔我不願承擔的風險，我不需要二〇％的報酬。

我鼓勵你去考慮什麼是「足夠的報酬」。重要的是要認清，太高的報酬不值得追求，而且不值得為此承擔風險。

小心風險比預期還大

對報酬的期待必須合理。任何事情都可能讓你惹上麻煩，這樣的麻煩通常是因為接受比預期還大的風險。在你聽說無需承擔風險就有超高報酬，或是有比國庫券還高很多的穩定「絕對報酬」時，你應該用懷疑的心態質疑，他們真的能夠達成目標嗎？不是想要引誘你上鉤的吧？一個有投資技巧的投資人也可以合理的達成這個目標嗎？還有為什麼你可以得到這個如此有潛力的賺錢機會，而且表面上看來如此便宜？換句話說，它們是不是好到不像是真的？

—第21章—

把所有重要的事做好

要點1

成功的投資，或是說成功的投資生涯，最好的基礎就是價值。你必須清楚了解你想要買進的投資標的價值在哪裡。價值有很多種要素，而且也有很多方法可以衡量，簡單的說，就是帳上的現金和有形資產的價值、公司的經營能力或資產創造現金的能力，還有所有東西增值的潛力。保

要點2

為了達到優異的投資結果，你得比別人更能洞察價值。所以你必須學會別人不會的事情、用不同的角度看待問題，或是做出很到位的分析。理想情況是這三大能力都具備。

要點3

你對價值的看法必須根據完整的事實與分析基礎，而且還必須堅持這個看法。只有這

保羅・喬森

這一章將這本書的要點做了很棒的整理，提出的每個要點都很值得閱讀與背誦，投資人應該定期複習。

樣，你才會知道什麼時候該買，什麼時候該賣。只有對價值有強烈的感覺，你才能有紀律的將一檔每個人都認為不會停止上漲的高價資產獲利了結，或是有膽量在危機時持有資產並向下加碼，甚至每天價格破底時依然如此。當然，你的這些努力要能創造獲利，對價值的估計就必須準確命中目標。

要點4

價格和價值的關係是成功投資的最終關鍵，以低於價值的價格買進是最可靠的獲利途徑，付出高於價值的價格購買很少能奏效。㊋

㊋**喬爾・葛林布萊特**
這是所有好投資的基本原則。

要點5

是什麼原因讓人在低於價值的價格賣出一項資產？會有絕佳的買進機會，主要是因為一般人低估了現實情況。要看見高品質的投資標的很容易，要發現便宜標的則需要敏銳的觀察。因為這個理由，投資人常常將客觀優點錯認為投資機會。卓越的投資人從不會忘記，投資的目標是買得好，而不是買好的。

要點6

除了提升獲利潛力，以低於價值的價格買進是限制風險的關鍵要素，不論是買進高成長股票，或是參與熱門強勢市場都不會有相同效果。

要點7

價格和價值的關係受心理面和技術面影響，這些力量能在短期壓過基本面。這兩個因素造成的價格極端擺盪，提供投資人高獲利或犯大錯的機會。想要得到高獲利，而不是犯大錯，你必須堅持對價值的看法，而且應對心理面和技術面因素。

要點8

經濟和市場周期會上下起伏，不管這時往哪個方向前進，大部分的人都相信他們會永遠朝相同的方向前進。這樣的想法就是最大的危機來源，因為這會擾亂市場、將估價推向極端，而且引發大部分投資人很難抵抗的泡沫和恐慌。

要點9

同樣的，投資群眾的心態會規律地像鐘擺型態擺動，在樂觀與悲觀間擺盪、在輕信與多疑間擺盪、在害怕錯失機會與害怕虧錢間擺盪，以及在渴望買進與急於賣出間擺盪。鐘擺的擺盪會使群眾在高價買進、低價賣出。因此，身為群眾之一後患無窮，在極端情況時採取反向投資能幫助投資人避開虧損，成為最終贏家。

要點10

適度的風險趨避在理性市場是必須的，但特別的是，風險趨避有時太少，有時又太多。投資人這種心態的波動在創造市場泡沫和崩盤時扮演非常重要的一部分。

要點11

永遠不要低估心理面的影響力。貪婪、恐懼、將質疑拋諸腦後、盲從、嫉妒、自負和投降心態都是人性的一部分，而且它們有很強的能力迫使一般人採取行動，尤其是當群眾有著相同的心態，而且情況到達極端時。它們會影響其他人，而且深思熟慮的投資人也會感受到。不該期望有人能對它們免疫，與它們隔絕。雖然我們可以感受到它們，但我們絕對不要因此屈服；相反的，我們必須辨認出它們，並且起身對抗。以理性克服感性。

要點12

在多頭市場與空頭市場，大多數的趨勢最後都會過度延伸，能早點認清它們就會獲利，而太晚參與的人則會受到懲罰。這就是我的第一條投資名言「聰明人總是在一開始先做，最後做的總是傻子」的真正原因。抗拒過度延伸趨勢的能力很罕見，但這是大部分成功投資人的重要特質。

要點13

我們不可能知道過熱的市場什麼時候會冷卻，或是知道什麼時候會止跌上漲。雖然我們並不知道會走向哪裡，但是我們還是應該要知道人在哪裡。我們可以從周遭人的行為中推論出我們處在市場的哪個周期。當其他投資人無憂無慮的時候，我們應該小心謹慎，當投資人驚惶失措的時候，我們應該更為積極。

要點14

然而，就算採取反向投資也不會每次都獲利。買進和賣出最好的機會都跟價格達到極端有關，而且從定義來看，極端價格不會天天有。我們必定會在周期中不那麼吸引人的時點進出，很少有人會滿足於每隔幾年才操作一次。我們必須辨認出對我們不利的情勢，小心的行動。

要點15

根據穩健的價值判斷、物超所值的低價和市場普遍出現消極心態等條件買進，最有可能提供最好的投資績效。然而，即使如此，在還沒轉向我們認定的情勢之前，可能有很長的時間出現對我們不利的情況。**價格過低**遠遠不等於**即將上漲**，這就是我的第二條重要的投資名言：「超越時代與失敗是很難區分的。」在證明看法正確之前，需要耐心和毅力去長期持有。

要點16

除了在價格正確的時候要能衡量價值和追求價值，成功的投資人必須有正確的方法去處理風險。他們必須超越學術圈將風險視為波動的單一定義，而且了解最重要的風險就是出現永久虧損的風險。他們必須拒絕「承擔更多風險就是投資的成功方程式」的說法，而且要知道，高風險的投資會使可能績效的出現範圍擴大，而且虧損的機率更高。他們必須察覺每項投資標的的可能的潛在虧損，而且願意只有在報酬高於適當水準時才去承擔風險。

要點17

大多數投資人都只是簡單專注在取得報酬的機會。有些人會更進一步觀察，學到了解風險和取得報酬一樣重要。但是很少有投資人能周密地了解「相關性」這個控制整個投資組合風險的關鍵要素。因為相關性的不同，絕對風險相同的投資標的能夠用不同的方法結合，形成總體風險水準差異很大的投資組合。大部分投資人認為分散投資就是持有很多不同的投資標的，但是很少人了解到，如果要有效分散風險，只有當持有的投資組合能夠可靠的在各種環境中做出不同的反應才能達成。

要點18

雖然進攻型投資能夠在事情做對的時候（特別是在多頭行情時）創造讓人驚喜的報

酬，但是這樣的收益還是沒有防禦型投資來得可靠。因此，大部分傑出投資紀錄都包括了低發生率、低嚴重性的虧損。橡樹資本的座右銘：「如果我們避開虧損的標的，那獲利的標的自然會照顧自己」，多年來都適用。每個分散投資的組合都不會造成重大的虧損，這就是邁向投資成功很好的起點。

要點19

風險控制是防禦型投資的核心。防禦型投資人不只要試著去做對的事，還會大力強調不去做錯的事。因為「確保在逆境中生存」與「在多頭行情時追求最大報酬」相互矛盾，投資人必須在兩者間取得平衡。防禦型投資人選擇強調「確保在逆境中生存」。

要點20

錯誤邊際是防禦型投資的關鍵要素，雖然當未來情況跟期望一致時，大部分的投資都會成功，但是當未來不如預期時，錯誤邊際能使結果控制在可以容忍的程度。投資人可以透過幾個方法獲得錯誤邊際，包括堅持現在就取得有形、持久的價值；只在價格低於價值時買進；戒除槓桿投資；而且分散投資。強調這些要素會在多頭行情時限制獲利，但會讓你有最大的機會在事情發展不好時毫髮無傷。我最喜歡的第三句名言是：「永遠不要忘記一個六呎高的男人在渡河時可能會被平均五呎高的河水淹死。」錯誤邊際會讓你保留實力，助你度過低迷的市場。

要點21

你的投資組合應該隨時做好風險控制和錯誤邊際。但是你必須記住，它們是「隱性資產」（hidden asset）。市場多數時間是多頭行情，只有在空頭行情、潮水退去時，防禦的價值才會變得明顯。因此，在多頭行情時，防禦型投資人必須滿足於得到的獲利，或許不是最多，不過卻是在風險保護下取得……即使後來的結果顯示並不需要風險保護。

要點22

投資成功的一個要點，也是某些偉大投資人的心理素質，就是了解到我們並不知道接下來的未來總體發展。除了一般的共識，很少有人知道經濟、利率和總體市場即將發生什麼事。因此，投資人最好把時間花在「可知的」產業、企業和證券訊息，取得知識優勢。你專注的範圍愈小，就愈有機會學到其他人不知道的事。

要點23

很多投資人以為自己知道經濟和市場的未來走向，並據此採取行動，但實際情況並非如此。他們預測有些事情會發生，所以採取進攻策略，不過很少能創造出想要的結果。根據強烈堅持但不正確的預期來投資，就是造成重大潛在虧損的根源。

要點24

很多投資人以為世界是按照秩序在運轉，能夠被掌握和預期，不管是業餘投資人還是專業投資人都如此。他們忽略事物的隨機性，以及未來事件發展的機率分布。因此很容易根據一個預期會發生的情境去採取行動，有時這種方法有效，還會帶來名氣，但是，一時做得很好無法在長期創造成功。有必要指出的是，在經濟預測和投資管理上通常都有人可以準確預測，但是很少有相同的人能成功預測兩次，大部分成功的投資人在多數時間都是做「接近正確」的事，這已經比其他人做得都好。

要點25

做對事情有個重要部分，就是避免經濟波動、問題企業、市場恐慌震盪和其他投資人會被騙的常見投資陷阱。雖然沒有可靠的方法可以完全做到這點，不過意識到這些潛在危險就是避開被騙的最好起點。

要點26

另一個重要的因素是要有合理預期。投資人常常會陷入一些麻煩，像是因為高得不合理的報酬或是可靠的保證報酬而冒險投資，還有忽略追求報酬的增加，伴隨而來的是承受風險的增加。關鍵在於面對這些投資要深思熟慮，這是不是「好到不像是真的」。

要點27

不管是在下跌行情限制虧損的防禦型投資人，或是在上漲市場賺得收益的進攻型投資人，都不能證明他們擁有投資技巧。如果我們要斷定一個投資人真的能創造價值，必須要看他們在與自己投資風格不同的環境中的表現。進攻型投資人在市場轉變時能不讓所有獲利都吐回去嗎？防禦型投資人在市場上漲時能充分參與嗎？這種績效表現的不對稱才能用來說明真正的投資技巧。一個投資人擁有的贏家投資標的比輸家投資標的多嗎？贏家投資標的賺得的收益比輸家投資標的帶來的虧損大嗎？多頭行情時的報酬比空頭行情時帶來的虧損還多嗎？長期的績效表現比投資風格建議的報酬來得好嗎？這些事項都是卓越投資人的標誌，如果沒有做到這些事，報酬可能只是來自市場波動和β值相乘而已。

要點28

只有擁有罕見洞察力的投資人才能定期預知主導未來事件的機率分布，並且感受到隱藏在機率分布左邊尾部的負面事件風險所產生的潛在報酬補償。㊋

用這種簡單的描述來說明成功投資的要件，包括了解可能收益的範圍與不利發展的風險，你需要注意的所有要素應該都有了。我現在要把成功投資的任務交給你，你將會踏上一個充滿挑戰、十足刺激，而且發人深省的旅程。㊍

霍華・馬克斯

了解不確定性：上面這句話很好的描述該如何處理不確定性，那就是在感覺有事情會發生、每件事情可能相關的時候，一個資產的價格（還有從這價格可獲得的潛在收益）是否能藉著承擔不確定性而獲得適當的潛在收益。

喬爾・葛林布萊特

好好了解價值與思考價格如何變動是成功投資的關鍵。儘管有很多聰明的人精通價值預估（尤其是如果他們有足夠的訓練停留在巴菲特所謂的「能力圈」(circle of competence)中），大部分的投資人無法適應這樣的市場和個別股票的價格波動。這就是為什麼馬克斯這本書中提到的經驗教訓如此重要。所以請一遍又一遍的閱讀這一章（與整本書），這真的是一本經典的投資書。

投資最重要的事

作者　霍華・馬克斯
評註　克里斯多夫・戴維斯、喬爾・葛林布萊特、保羅・喬森、賽斯・卡拉曼
譯者　蘇鵬元
商周集團執行長　郭奕伶
視覺顧問　陳栩椿
商業周刊出版部
總編輯　余幸娟
責任編輯　林雲
封面設計　Bert design
內頁排版　邱介惠
出版發行　城邦文化事業股份有限公司-商業周刊
地址　115020 台北市南港區昆陽街16號6樓
電話（02）2505-6789　傳真（02）2503-6399
讀者服務專線　（02）2510-8888
商周集團網站服務信箱　mailbox@bwnet.com.tw
劃撥帳號　50003033
戶名　英屬蓋曼群島商家庭傳媒股份有限公司城邦分公司
網站　www.businessweekly.com.tw
香港發行所　城邦（香港）出版集團有限公司
香港灣仔駱克道193號東超商業中心1樓
電話：(852)25086231傳真：(852)25789337
E-mail：hkcite@biznetvigator.com
製版印刷　中原造像股份有限公司
總經銷　高見文化行銷股份有限公司 電話：0800-055365
初版 1 刷　2017年（民106年）2 月
初版221刷　2024年（民113年）8 月
定價　380元
ISBN　978-986-94226-4-2（平裝）
THE MOST IMPORTANT THING ILLUMINATED: Uncommon Sense for the Thoughtful Investor by Howard Marks

國家圖書館出版品預行編目資料

投資最重要的事: 一本股神巴菲特讀了兩遍的書 / 霍華.馬克斯(Howard Marks)著 ; 蘇鵬元譯. -- 初版. -- 臺北市 : 城邦商業周刊, 民106.02
面； 公分
ISBN 978-986-94226-4-2(平裝)

1.投資 2.投資管理 3.投資分析

563.5　106001135

金商道

The positive thinker sees the invisible, feels the intangible, and achieves the impossible.

惟正向思考者，能察於未見，感於無形，達於人所不能。——佚名